Classiques & Contemporains

W0295436

Jean Anouilh
Pièces roses

Présentation, notes, questions et après-texte établis par
CÉCILE PELLISSIER
professeur de Lettres

MAGNARD

Sommaire

PRÉSENTATION

Jean Anouilh est né à Bordeaux le 23 juin 1910. Sa mère étant pianiste, il a pu assister enfant à des spectacles d'opérettes. Il a commencé très jeune à éprouver une forte attirance pour le théâtre et pour les acteurs en particulier, qui le fascinaient. Jeune homme, il allait souvent assister à des représentations et lisait beaucoup Molière, Marivaux, Musset, Rostand, Claudel, Pirandello, Shaw…

À dix-huit ans, il assiste émerveillé à *Siegfried*, de Jean Giraudoux (1882-1944). Cette pièce lui révèle sa vocation, comme il l'indique dans son *Hommage* à Giraudoux en 1944 : « C'est le soir de *Siegfried* que j'ai compris. Je devais par la suite entrer dans une longue nuit […], mais c'est à cause de ces soirs de printemps 1928 où je pleurais, seul spectateur, même aux mots drôles, que j'ai pu m'évader un peu. » Il commence ensuite des études de droit qu'il n'achève pas, travaille dans une agence de publicité puis devient le secrétaire de l'acteur et directeur de théâtre Louis Jouvet (1887-1951). Leurs rapports sont assez tendus, et rapidement Anouilh se lance seul dans l'aventure du théâtre. *L'Hermine* (1932) est sa première pièce jouée, et son premier succès. En 1937, il rencontre les metteurs en scène Georges Pitoëff et André Barsacq. Il comprend alors combien la mise en scène est importante, et comment elle permet à ses pièces de « se prolonger ». Pitoëff monte *Le Voyageur sans bagage*, et Barsacq *Y'avait un prisonnier*. En 1938, Pitoëff crée *La Sauvage*, et Barsacq *Le Bal des voleurs*. C'est un triomphe. À partir de 1942, Anouilh commence à classer ses pièces selon une « thématique » : Pièces roses, noires, baroques… *Humulus le Muet*, *Le*

Bal des voleurs, *Léocadia* (1940) et *Le Rendez-vous de Senlis* (1941), dans lesquels la fantaisie domine, trouvent leur place dans le recueil « Pièces roses ».

Humulus le Muet et *Le Bal des voleurs* sont deux pièces de grande jeunesse. Anouilh les aurait écrites très vite, en 1929, et les auraient ensuite laissées dans un tiroir après avoir essuyé plusieurs refus de la part des directeurs de théâtres parisiens. Toutes deux ont pourtant ouvert la porte à son œuvre et à sa carrière, et on y retrouve ses thèmes et ses personnages. *Humulus le Muet* a été publié pour la première fois en 1939 dans la revue *La Nouvelle Saison*, et créé par les Compagnons de l'arc-en-ciel le 18 septembre 1948 au Théâtre de la Cité universitaire de Paris. *Le Bal des voleurs* a été créé le 17 septembre 1938 au théâtre des Arts par la compagnie des Quatre Saisons, dirigée par André Barsacq qui avait également conçu les décors et les costumes, Darius Milhaud ayant composé la musique. André Barsacq évoque dans ses souvenirs : « Cette joie, ce bonheur que nous [Anouilh et lui] avons ressentis pendant la préparation du spectacle ont animé à leur tour nos interprètes. La fantaisie du dialogue, la merveilleuse diversité comique des rebondissements ont décuplé leur entrain et porté à son comble l'enchantement des spectateurs. »

Jean Anouilh est mort le 3 octobre 1987.

Jean Anouilh

Pièces roses

Humulus le Muet

Le Bal des voleurs

Comédie-ballet

HUMULUS LE MUET

PERSONNAGES

La Duchesse
Hector de Brignoc
Humulus, *enfant, puis adolescent*
Le Gouverneur
Les domestiques, *qui sont au moins trois*
Hélène

SCÈNE PREMIÈRE

La Duchesse, sorte de personnage fabuleux sur un immense fauteuil à oreilles armoriées[1]*. À côté d'elle, l'oncle Hector, un grand hobereau*[2] *maigre et faisandé*[3] *qui met alternativement son monocle*[4] *à l'œil droit puis à l'œil gauche sans plus de succès. On entend un orchestre.*

LA DUCHESSE. – Hector, voici une petite fête qui m'est un plaisir nouveau chaque année.

HECTOR. – L'orchestre est charmant.

LA DUCHESSE. – Oui. Les musiciens coûtent horriblement cher. J'ai dû me débattre contre eux comme une marchande.

Entrent les domestiques à la queue leu leu et portant des bouquets.

LA DUCHESSE. – Mes amis. Je suis touchée de votre présence et de vos bonnes intentions. Mais il est des traditions auxquelles une Brignoc ne déroge pas[5]. Je dois entendre les vœux de mes enfants avant ceux de mes gens[6]. Un peu de patience. Mon petit-fils, M. Humulus, ne saurait tarder. Hector, vous vous souvenez de mon petit Humulus ?

HECTOR. – Mal. Il avait, je crois, dix-huit jours lorsque je partis pour les Îles.

---

1. Côtés arrondis du dossier, décorés des emblèmes familiaux nobiliaires de la Duchesse.
2. Gentilhomme de petite noblesse.
3. Éprouvé par l'âge et plutôt mal en point.
4. Verre rond que l'on fait tenir dans l'arcade sourcilière.
5. Se conforme systématiquement.
6. Mes domestiques.

LA DUCHESSE. – Vous le trouverez bien changé. C'est un bon petit, un peu timide. N'était son infirmité, il ferait un duc charmant.

HECTOR. – Je crois me souvenir que le pauvre petit est muet ?

LA DUCHESSE. – Était, Hector, était ! On voit bien que vous n'êtes revenu que d'hier. Dieu a fait un miracle durant votre séjour aux Îles.

HECTOR. – Dieu a toujours protégé les Brignoc.

LA DUCHESSE. – Un médecin anglais, à force de soins, est arrivé à lui faire prononcer un mot par jour.

HECTOR. – Un seul mot ?

LA DUCHESSE. – Oui, mais il est si petit. En grandissant, nous espérons qu'il pourra en dire davantage. Notez, d'ailleurs, Hector, que si mon petit Humulus s'abstient un jour de prononcer son mot, il peut en prononcer deux le lendemain.

HECTOR. – Il vous serait donc possible de lui apprendre à réciter une de ces petites fables que les bambins de cet âge savent ordinairement par cœur ?

LA DUCHESSE. – J'y ai songé. Mais il faudrait trop longtemps. Pour dire : « Fors[1] l'honneur », la devise des Brignoc, mon cher Hector, il est obligé de rester trois jours sans parler... Je fais ce petit sacrifice tous les ans au moment de la fête du pays, mais je ne saurais me passer bien longtemps de lui entendre dire son mot. Car, je l'ai exigé, Humulus vient me dire son mot chaque matin. Hier, vendredi, par exemple, il m'a dit « morue ».

Entre le Gouverneur.

LA DUCHESSE. – Hé bien, Gouverneur, mon petit-fils est prêt ?

---

1. Sauf.

LE GOUVERNEUR. – Madame la duchesse, le voici. Nous avons longuement cherché, madame la duchesse, ce que dirait M. Humulus, cette année, à l'occasion du Nouvel An. Il ne manque certes pas de compliments à l'usage des jeunes personnes, mais ils étaient tous sensiblement trop longs. C'est pourquoi j'ai pensé que le mot le plus indiqué, le plus expressif, et, j'oserai dire, le plus raccourci, était le mot « bonheur », madame la duchesse.

LA DUCHESSE. – C'est parfait, Gouverneur.

Le Gouverneur sort et revient en poussant Humulus, grand dadais[1] *encore en culottes courtes et s'empêtrant dans un immense bouquet. Murmure des domestiques alignés qui se penchent pour le voir.*

LA DUCHESSE, *l'arrêtant d'un geste au bout de la file des domestiques.* – Monsieur mon petit-fils, avant même que vous lui offriez vos souhaits, votre grand-mère veut vous dire, la première, sa tendresse au seuil de cette nouvelle année. Depuis que votre pauvre mère est morte, Humulus, c'est moi qui vous aime. Vous avez une grand-mère, il faut en profiter pour l'écouter. Soyez bon et vaillant comme un vrai Brignoc. Chérissez-moi et ne m'en veuillez pas si je ne vous vois qu'aux grandes fêtes. Tout mon temps est pris par mes pauvres. Maintenant, venez m'embrasser et me dire votre mot. Gouverneur, faites arrêter la musique, pour que mon petit-fils vienne me dire son mot.

Le Gouverneur sort. La musique s'arrête. Il revient prendre sa place et claque discrètement dans ses mains. Alors Humulus,

---

1. Garçon maladroit, qui a l'air nigaud.

rouge, les sourcils froncés, se met lentement en marche vers la Duchesse. Tout le monde sourit avec attendrissement. Arrivé devant le dernier domestique, tout près du but, il laisse tomber son bouquet. Le domestique le ramasse et le lui remet. Alors, dans le silence, après avoir lutté un instant, cramoisi[1], *entre plusieurs devoirs également bien inculqués*[2].

HUMULUS. – Merci.

Horrible tintamarre à l'orchestre. Tout le monde se voile la face avec consternation.

LE GOUVERNEUR. – Malheureux enfant ! Voilà votre mot prononcé. Comment direz-vous maintenant le mot « bonheur » à madame la duchesse ?

LA DUCHESSE. – Monsieur Humulus, vous êtes un maladroit.

Elle sort, suivie de l'oncle Hector et de tous les domestiques. Humulus reste seul au milieu de la scène, avec son bouquet. Le Gouverneur est affalé[3] *sur les marches de l'estrade.*

---

1. Rouge foncé, presque violet.
2. Enseignés.
3. S'est laissé tomber.

SCÈNE DEUXIÈME

Même décor. Les personnages sont dans la même position qu'au premier lever de rideau. Mais ils sont tous très vieillis. Il y a en plus un petit groom[1]*, au bout de la file des domestiques. Musique.*

LA DUCHESSE. – Mes amis, je suis touchée de votre présence et de vos bonnes intentions. Mais il est des traditions de famille auxquelles une Brignoc ne déroge pas. Je dois entendre les vœux de mes enfants avant ceux de mes gens. Un peu de patience, mon petit-fils, M. Humulus, ne saurait tarder. À votre avis, Hector, que peut-il faire ?

HECTOR. – Peut-être répète-t-il son mot devant une glace ?

Entre le Gouverneur.

LA DUCHESSE. – Hé bien, Gouverneur ?

LE GOUVERNEUR, *qui semble nerveux.* – Madame la duchesse, M. Humulus sollicite l'honneur de venir vous présenter ses vœux. M. Humulus prononcera le mot « prospérité ».

La Duchesse sourit avec indulgence. L'orchestre se tait. Un silence. On introduit Humulus qui est maintenant un jeune homme. Le Gouverneur toussote, Humulus se tait.

LA DUCHESSE. – Dites votre mot, mon cher enfant.

Silence. On se regarde.

---

1. Jeune domestique qui porte une livrée (c'est-à-dire une tenue particulière).

Ne vous troublez pas, cher Humulus. Une grand-mère est toujours indulgente.

Silence.

Qu'est-ce à dire, Gouverneur ?

LE GOUVERNEUR *bafouille.* – Je suis extrêmement surpris, madame la duchesse.

LA DUCHESSE. – Humulus, auriez-vous déjà prononcé votre mot ? Ce mot, qu'au seuil de la nouvelle année, vous devez réserver à votre grand-mère ?

HECTOR. – Le garnement aura lâché quelque juron en voulant faire son nœud de cravate.

LE GOUVERNEUR. – C'est mal connaître mon élève, monsieur le baron. M. Humulus ne jure pas.

LA DUCHESSE. – Gouverneur, un mot ne se perd pas ainsi. Avez-vous bien veillé sur mon petit-fils ce matin ?

LE GOUVERNEUR. – Je n'ai pas quitté M. Humulus ce matin, madame la duchesse, sauf le temps de sa garde-robe[1], et je puis certifier…

Humulus lui donne un coup de coude.

LA DUCHESSE. – Vous me semblez tous deux être de connivence[2]. Vous me cachez quelque chose, Gouverneur.

LE GOUVERNEUR. – Voilà, madame la duchesse. Puisse le ciel qui me

1. Le moment durant lequel il est allé aux toilettes.
2. Complices.

voit témoigner quelque jour que je n'ai pas cru mal faire en acceptant les propositions de M. Humulus.

LA DUCHESSE. – Des propositions ? Expliquez-vous, Gouverneur. Quelles propositions ?

LE GOUVERNEUR. – Des propositions qui étaient de véritables injonctions[1], madame la duchesse.

LA DUCHESSE. – Quelles injonctions ? Hector, entendez-vous quelque chose au discours du gouverneur ?

HECTOR. – J'hésite entre plusieurs hypothèses également pénibles !

LA DUCHESSE. – Gouverneur, je vous somme de vous expliquer clairement.

LE GOUVERNEUR. – Je le ferai, madame la duchesse, tant pour décharger ma conscience que pour donner satisfaction aux désirs de M. Humulus. M. Humulus m'a demandé de vous lire ce papier, madame la duchesse.

Il lit :

« Madame ma grand-mère, je suis passionnément amoureux d'une femme qui s'appelle Hélène… »

La Duchesse pousse un cri terrible et s'évanouit. Tintamarre à l'orchestre. Tumulte, désordre, on se précipite.

LA DUCHESSE, *se dressant.* – Hector, faites sortir mes gens.

Hector pousse les domestiques dehors.

---

1. Ordres.

Gouverneur, vos insolences m'ont fait évanouir devant mon personnel, je n'oublierai jamais l'humiliation dont vous êtes la cause. Poursuivez.

LE GOUVERNEUR. – Je me permets respectueusement, madame la duchesse…

LA DUCHESSE. – Ne vous permettez plus rien et poursuivez.

LE GOUVERNEUR *se remet à lire.* – « Je suis passionnément amoureux d'une femme qui s'appelle Hélène… »

LA DUCHESSE. – Ayez soin de sauter les passages inconvenants[1]…

LE GOUVERNEUR. – « … d'une femme qui s'appelle Hélène. Je compte lui déclarer mon amour le plus tôt possible. Ma triste infirmité ne me permettant de dire qu'un seul mot par jour, je suis décidé, à partir d'aujourd'hui, à m'abstenir de prononcer mon mot quotidien pendant une période d'un mois. Le gouverneur et moi-même avons pensé… » Voilà qui est inexact, madame la duchesse.

D'un geste de son éventail, elle lui fait signe de continuer.

« … que trente mots pourront suffire à cette déclaration… Je viens donc m'excuser, madame ma grand-mère, de ne pouvoir, ce jour de l'an, venir vous dire le mot "prospérité". »

LA DUCHESSE. – Gouverneur, arrêtez. Pareille ingratitude me révolte. Je me refuse à en entendre davantage et je ne paraîtrai pas aux fêtes de ce soir. Monsieur Humulus, vous êtes un garnement. Qu'avez-vous à répondre ?

---

1. Incorrects, déplacés.

Le Gouverneur. – Vous savez bien qu'il ne peut pas parler, madame la duchesse…

La Duchesse. – Gouverneur, vous êtes un sot.

Elle sort.

Hector. – Bravo, mon gaillard. Tu es un vrai Brignoc. À ton âge, j'avais une maîtresse au Vaudeville[1].

Il sort.

Le Gouverneur. – Vous me forcez à tenir de bien pénibles rôles, mon cher élève. Vos fantaisies me conduiront au tombeau.

Il sort.

---

1. Nom d'un théâtre parisien. Hector était donc l'amant d'une actrice qui jouait des pièces légères.

SCÈNE TROISIÈME

Le rideau se lève sur une route bordée de platanes ; Hélène paraît à bicyclette. Elle porte sur son guidon une petite boîte noire. Derrière elle, Humulus, à bicyclette également. Visiblement, il la suit. Ils décrivent d'abord quelques sinuosités[1] *puis elle descend de bicyclette. Humulus descend aussi.*

HÉLÈNE. – Pardon, monsieur, pouvez-vous me dire combien il y a de kilomètres d'ici à la plage ?

Humulus s'incline sans répondre, la main sur le cœur.

Je vous remercie beaucoup, monsieur, ce n'est pas trop loin. J'ai le temps d'y aller avant le déjeuner.

Elle remonte à bicyclette et sort en lui faisant des sourires.
Il remonte également et la suit. On les entend sonner au loin.

---

1. Courbes.

SCÈNE QUATRIÈME

Un jardin public. Le Gouverneur entre, un papier à la main, et va à Humulus.

LE GOUVERNEUR. – Monsieur Humulus, j'ai bien travaillé, croyez-moi ; je n'ai pas fermé l'œil de la nuit dernière pour mettre la dernière main à ce document. Mais faire une déclaration en trente mots est une chose extrêmement malaisée. Mon cher élève, ne m'accusez pas de ne pas y avoir mis assez de mots d'amour. Il y a les prépositions, les articles et les conjonctions qui sont des mots neutres, sans doute, mais nécessaires à la bonne intelligence[1] du texte. Voilà :

Il lit :

« Mademoiselle. Un amour éclatant m'a pris aux entrailles depuis l'autre jour. Que mes larmes et mes soupirs attendrissent votre beauté cruelle. Un seul geste de vous guérirait toutes mes blessures. » Ça fait trente. Je ne devrais certes pas me prêter à ces folies. Mais j'ai aimé, moi aussi, et cette aventure me rappelle de bien doux souvenirs.

Il tire sa montre.

Cette jeune fille ne saurait tarder maintenant… Préférez-vous que je demeure pour vous souffler, le cas échéant, ou que je m'éloigne de la distance d'un jet de pierre ?

---

1. Bonne compréhension.

Humulus fait un geste, le Gouverneur s'éloigne. Resté seul, Humulus relit son texte avec les gestes les plus passionnés. Hélène est entrée à bicyclette et elle décrit pendant un instant des sinuosités autour de lui sans qu'il la remarque. Finalement le timbre[1] *d'Hélène le tire de ses songeries ; il pâlit, marche sur elle relisant une dernière fois son papier. Hélène est descendue de bicyclette et le regarde venir, souriante.*

HUMULUS, *d'une voix de stentor*[2] *qu'on n'attendait pas.* – Mademoiselle, c'est moi qui étais derrière vous à bicyclette. Vous m'avez demandé la route. Hé bien, il y avait dix kilomètres jusqu'à la mer.

Il s'arrête tout pâle, épouvanté, il murmure encore, comme malgré lui :

Par le raccourci…

Puis sa voix s'étrangle, il se met à compter fébrilement[3] *sur ses doigts.*

Hélène le regarde toujours en souriant.

HUMULUS, *qui n'a plus que trois mots à dire.* – Je vous aime.

HÉLÈNE, *qui sourit toujours.* – Je vous demande pardon, monsieur, mais je suis un peu dure d'oreille, je n'ai rien entendu.

---

1. Sonnette.
2. Voix forte, retentissante.
3. Avec rapidité et agitation.

Elle sort de la petite boîte noire de son guidon un énorme cornet acoustique[1] *et se l'adapte à l'oreille ; puis gentiment :*

Voulez-vous répéter, s'il vous plaît ?

Humulus la regarde et le tintamarre de l'orchestre couvre son désespoir pendant que le rideau tombe.

FIN DE « HUMULUS LE MUET ».

1. Pavillon en forme de corne à l'usage des sourds.

BIEN LIRE

P. 10 : pourquoi l'emploi du mot « morue » adressé à la Duchesse a-t-il un effet comique ?

P. 12 : pourquoi la Duchesse estime-t-elle qu'Humulus est « un maladroit » ?

P. 15 : pourquoi la Duchesse s'évanouit-elle ?

P. 17 : pourquoi Hector félicite-t-il Humulus ?

P. 20 : pourquoi Humulus compte-t-il fébrilement sur ses doigts ?

LE BAL DES VOLEURS

PERSONNAGES

PETERBONO, GUSTAVE, HECTOR — voleurs

LORD EDGARD

LADY HURF

JULIETTE, ÉVA — ses nièces

DUPONT-DUFORT PÈRE, DUPONT-DUFORT FILS — financiers

LE CRIEUR PUBLIC

LES AGENTS DE POLICE

LA NOURRICE

LA PETITE FILLE

LE MUSICIEN

PREMIER TABLEAU

Le jardin d'une ville d'eaux[1] *de style très 1880, autour du kiosque à musique*[2].

Dans le kiosque un seul musicien, un clarinettiste, figurera l'orchestre. Au lever du rideau il joue quelque chose d'extrêmement brillant.

La chaisière[3] *va et vient. Les estivants*[4] *se promènent sur le rythme de la musique. Au premier plan, Éva et Hector unis dans un baiser très cinéma.*

La musique s'arrête, le baiser aussi. Hector en sort un peu titubant. On applaudit la fin du morceau.

HECTOR, *confus.* – Attention, on nous applaudit.

ÉVA *éclate de rire.* – Mais non, c'est l'orchestre ! Décidément vous me plaisez beaucoup.

HECTOR, *qui touche malgré lui ses moustaches et sa perruque.* – Qu'est-ce qui vous plaît en moi ?

ÉVA. – Tout.

Elle lui fait un petit bonjour.

Ne restons pas là, c'est dangereux. À ce soir, huit heures, au bar du Phœnix. Et surtout si vous me rencontrez avec ma tante, vous ne me reconnaissez pas.

HECTOR, *langoureux*[5]. – Votre main encore.

---

1. Station thermale.
2. Abri circulaire surmonté d'un toit, où les musiciens se réunissaient pour donner des concerts en plein air.
3. Personne qui loue des chaises dans un jardin public.
4. Vacanciers d'été.
5. D'un air tendrement amoureux.

ÉVA. – Attention, lord Edgard, le vieil ami de ma tante, est en train de lire son journal devant le kiosque à musique. Il va nous voir.

Elle tend sa main, mais elle s'est détournée pour observer lord Edgard.

HECTOR, *passionné.* – Je veux respirer votre main.

Il se penche sur sa main, mais tire subrepticement[1] *de sa poche une loupe de bijoutier et en profite pour examiner les bagues de plus près. Éva a retiré sa main sans rien voir.*

ÉVA. – À ce soir !

Elle s'éloigne.

HECTOR, *défaillant.* – Mon amour…

Il redescend sur scène, rangeant son outil et murmurant très froid.

Deux cent mille[2]. Ce n'est pas du toc.

À ce moment entre le crieur public avec son tambour. On s'est massé autour de lui. On écoute.

LE CRIEUR PUBLIC. – Ville de Vichy. La municipalité, soucieuse de la

1. En cachette.
2. Équivalent à 500 000 euros.

sécurité et du bien-être des malades et des baigneurs, les met en garde et les informe : que nombre de plaintes ont été déposées par les estivants tant à la mairie qu'au commissariat central, place du Marché. Une dangereuse bande de pilpockets…

Il a prononcé difficilement ce mot, la clarinette le souligne, il se détourne furieux.

Qu'une dangereuse bande de…

Il bute encore sur le mot, c'est la clarinette qui le joue…

… est en ce moment dans nos murs. La police municipale est alertée… Tant en civil qu'en uniforme, les agents de la force publique veillent sur les estivants…

En effet, suivant un gracieux trajet à travers la foule, des agents entrecroisent leurs sinuosités[1] *pendant qu'il parle.*

Cependant chacun est invité à observer la plus grande prudence, particulièrement sur la voie publique, dans les parcs et tous autres lieux fréquentés. Une prime en nature est offerte par le Syndicat d'initiative à qui donnera un indice permettant l'arrestation des voleurs… Et qu'on se le dise !…

Roulement de tambour. Pendant qu'il lisait, Hector lui a subtilisé[2] *son énorme oignon de cuivre*[3] *et son gros porte-*

1. Trajets effectués en courbe.
2. Dérobé avec habileté.
3. Grosse montre d'autrefois, très bombée.

monnaie. La foule se disperse, on entend le roulement de tambour et la harangue[1] *qui reprennent au loin. Hector a été s'asseoir au premier plan. La chaisière s'avance.*

LA CHAISIÈRE. – Un ticket, Monsieur, pour votre fauteuil ?

HECTOR, *magnanime*[2]. – Puisque c'est l'usage.

LA CHAISIÈRE. – C'est soixante-cinq centimes.

Pendant qu'il cherche sa monnaie, la chaisière lui vole son portefeuille, puis la grosse montre et le porte-monnaie du crieur public qu'il venait lui-même de voler.

HECTOR *a saisi la main dans sa poche.* – Hé ! dites donc, là, vous !…

La chaisière se débat et va se sauver ; elle perd sa perruque.

HECTOR *s'exclame.* – Mais tu es fou, mon vieux !

Il soulève légèrement sa moustache et sa perruque.

C'est moi.

LA CHAISIÈRE, *remettant sa perruque. C'est Peterbono.* – Oh, pardon ! C'est également moi. Bonne matinée ?

HECTOR. – Ce porte-monnaie, cette montre, un briquet.

PETERBONO, *qui les examine.* – C'est la montre du crieur, je la connais, elle est en cuivre. Je l'avais remise dans la poche de ce pauvre

1. Discours public.
2. Grand seigneur, montrant de la générosité.

bougre, ainsi que le porte-monnaie qui, tu peux le vérifier, ne contient que vingt et un sous et un récépissé de mandat[1]. Quant au briquet, nous en avons déjà neuf cent treize, dont deux seulement en état. Je t'ai connu meilleur ouvrier, Hector !

HECTOR. – J'ai rendez-vous, ce soir, avec une fille dont je ne tarderai pas à être l'amant et qui a plus de deux cent mille francs de perles au doigt.

PETERBONO. – Nous verrons cela. Dis-moi, tu as remarqué la petite là-bas ? Le collier ?

HECTOR, *qui la lorgne avec les jumelles qu'il porte en bandoulière.* – Mazette[2] ! Les pierres sont énormes.

PETERBONO. – Pas de fausse joie ! Tu as des verres grossissants. Mais allons-y tout de même. Le coup de la petite monnaie. Je fais l'insolente et tu interviens.

Ils traversent la scène avec une nonchalance terriblement affectée[3] et s'approchent de la jeune fille.

Un ticket, Mademoiselle. C'est soixante-cinq centimes.

LA JEUNE FILLE. – Voilà.

PETERBONO *se met à crier.* – Ah ! non, je n'ai pas de monnaie, vous entendez, pas du tout de monnaie ! Non, non, non, non… Je n'ai pas de monnaie !

HECTOR *intervient.* – Comment, pas de monnaie ? Mademoiselle, je vous en prie. Permettez-moi de remettre cette insolente à sa place…

1. Écrit qui atteste qu'une personne a bien reçu une somme d'argent parvenue par la poste.
2. Exclamation d'étonnement, d'admiration.
3. Forcée, qui manque de naturel.

Bousculade avec la chaisière à la faveur de laquelle Hector essaie de voir comment fonctionne le fermoir du collier de la jeune fille.

LA JEUNE FILLE *se dégage brusquement.* – Ah non !

HECTOR *recule, stupéfait.* – Comment non ?

PETERBONO. – Pourquoi non ?

La jeune fille soulève sa perruque, c'est Gustave.

GUSTAVE. – C'est moi.

HECTOR *en tombe assis.* – C'est gai.

PETERBONO *explose.* – Voilà ce que c'est que de travailler sans ordre ! Ah ! je ne suis pas secondé, je ne suis pas secondé… Vous êtes des galopins ! Voilà tout ! Des galopins ! Et si votre pauvre mère ne vous avait pas confiés à moi pour que je vous apprenne le métier, je vous flanquerais à la porte, vous entendez ? à la porte… sans vous payer votre mois de préavis[1]. Et avec tous les tours que vous m'avez joués, je vous attends devant les prud'hommes[2] !…

À Gustave, sévère :

Tu n'as rien fait, toi, ce matin, naturellement ?

GUSTAVE. – Si, deux choses. D'abord ce magnifique portefeuille.

PETERBONO. – Voyons cela.

---

1. Dernier mois de travail avant la date de départ suite à un licenciement ou une démission.
2. Magistrats qui s'occupent des litiges d'ordre professionnel.

Il l'examine, puis soudain se fouille inquiet.

À qui l'as-tu fait, ce portefeuille, et où ?

GUSTAVE. – Je l'ai fait boulevard Ravachol à un vieux monsieur avec une grande barbe blanche…

PETERBONO *achève, terrible.* – Un pantalon à carreaux, un cronstadt[1] et un rase-pet[2] vert olive, n'est-ce pas, imbécile ?

GUSTAVE, *tremblant.* – Oui, Monsieur Peterbono… Vous m'avez vu ?

PETERBONO *tombe affalé sous ce dernier coup.* – C'était moi, imbécile, c'était moi !… Je vous dis que nous ne couvrirons même pas nos frais !

GUSTAVE. – Mais j'ai autre chose, Monsieur Peterbono…

PETERBONO, *complètement découragé.* – Oh ! si c'est encore à moi que tu l'as volé, tu penses comme cela m'intéresse.

GUSTAVE. – Ce n'est pas un objet… C'est une petite, et qui a l'air riche.

HECTOR *a bondi.* – Nom de Dieu ! Ce n'est pas la même que moi au moins ? Rousse ? Vingt-cinq ans ? Elle s'appelle Éva ?

GUSTAVE. – Non, brune, vingt ans. Elle s'appelle Juliette.

HECTOR. – Ah ! bon.

PETERBONO. – Qu'est-ce que tu lui as pris ?

GUSTAVE. – Rien encore. Seulement je l'ai aidée à repêcher un gosse qui était tombé dans le bassin des Thermes[3]. Nous avons bavardé en nous séchant au soleil. Elle m'a dit que je lui plaisais.

PETERBONO. – Des bijoux ?

GUSTAVE. – Une très belle perle.

PETERBONO. – Bon. Il faudra voir cela, Hector, entre deux rendez-vous, tu as du temps de libre cet après-midi ?

---

1. Chapeau d'homme (demi-haut-de-forme en feutre).
2. Manteau d'homme très court (familier).
3. Endroit où l'on prend des bains chauds.

GUSTAVE. – Ah ! non ! Je voudrais bien la faire moi-même celle-là.

PETERBONO. – Comment ? Comment ? La faire toi-même ? Ah ! ça, c'est du nouveau alors !

GUSTAVE. – Mais puisque c'est moi qui lui ai plu.

PETERBONO. – Raison de plus, Hector n'en fera qu'une bouchée.

GUSTAVE. – Ah ! non, pas celle-là !

PETERBONO, *sévère.* – Gustave, ta mère t'a confié à moi. Je t'ai admis dans notre association comme aide rabatteur[1]. Tu as vingt ans. Tu es ambitieux, c'est bien. Moi aussi, j'étais ambitieux à ton âge. Mais attention ! Dans notre carrière, comme dans toutes les carrières, il y a une hiérarchie à suivre. Hector est un des meilleurs séducteurs professionnels que je connaisse sur la place de Paris. C'est un homme qui ne rate pas une femme sur trois... et permets-moi de te dire que c'est joli, comme moyenne. Tu n'as tout de même pas l'intention, toi, un apprenti, de faire du meilleur ouvrage ; non ?

GUSTAVE. – Je m'en fous. Je la ferai pour moi, la môme.

PETERBONO, *pincé*[2]. – Pendant tes heures de liberté, tu es entièrement libre de bricoler. Tu me devras simplement soixante-cinq pour cent sur tes gains.

HECTOR, *qui regardait la nourrice pendant ce dialogue.* – Peter !...

PETERBONO. – Hector ?

HECTOR. – La nourrice là-bas. La chaîne d'or.

PETERBONO, *méprisant.* – Peuff ! Ce n'est peut-être que de l'Oria[3].

HECTOR. – Écoute, il est sept heures moins dix. Nous avons dix minutes avant le dîner.

PETERBONO. – Soit, si tu y tiens. Nous allons lui faire le coup des trois militaires.

---

1. Personne chargée de fournir des clients à un vendeur, ou des marchandises à un acheteur.
2. Mécontent et vexé.
3. Marque de bijoux fantaisie plaqués or.

Hector. – Le coup des trois militaires ?

Peterbono. – C'est le coup classique pour les nourrices. Le premier lui fait la cour, le second fait la risette à l'enfant, et le troisième fredonne sans arrêt des sonneries de caserne pour l'étourdir…

Ils sont sortis. Passent lady Hurf et Juliette.

Juliette. – C'était un petit garçon de cinq ans à peine. Il n'avait de l'eau que jusqu'à la taille, mais il avait peur, il retombait toujours. Il se serait sûrement noyé.

Lady Hurf. – C'était affreux. As-tu remarqué ces petits chapeaux cloche[1] ? Je trouve cela ridicule.

Juliette. – Heureusement, il y a eu ce jeune homme. Il a été très chic, très gentil.

Lady Hurf. – À cinq ans, tous les enfants sont gentils, mais à douze, c'est l'âge bête. Voilà pourquoi je n'ai jamais voulu en avoir.

Juliette. – Je parlais du jeune homme, ma tante.

Lady Hurf. – Au fait, c'est vrai. Encore un petit chapeau cloche. C'est grotesque. Tu disais que ce jeune homme était gentil. Alors ?

Juliette. – C'est tout.

Lady Hurf. – Il faudra l'inviter à dîner.

Juliette. – Il est parti. Je ne l'avais jamais vu.

Lady Hurf. – Tant mieux. On connaît toujours trop de gens. D'ailleurs, j'ai horreur des histoires de noyés. Votre pauvre oncle nageait comme une clé. Il s'est noyé sept fois. Je l'aurais giflé. Tiens, voilà Edgard… Edgard, avez-vous vu Éva ?

---

1. Chapeaux en forme de cloche.

LORD EDGARD *apparaît derrière le journal qu'il était en train de lire.* – Comment allez-vous, chère amie ?

LADY HURF. – Je vous demande si vous avez vu Éva.

LORD EDGARD. – Éva ? Non.

Il se fouille.

C'est inconcevable. Où ai-je pu la mettre ? Elle est peut-être au bain.

LADY HURF. – Vous êtes fou, il est sept heures.

JULIETTE. – Allons voir au bar du Phœnix, ma tante, elle y va souvent.

LADY HURF. – Edgard, ne bougez d'ici sous aucun prétexte !

LORD EDGARD, *se rasseyant.* – Bien, ma chère amie.

LADY HURF, *s'en allant.* – Mais si vous la voyez passer, courez après elle.

LORD EDGARD. – Bien, ma chère amie.

LADY HURF. – Ou plutôt – vous la perdriez – ne courez pas après elle, venez tout simplement nous dire dans quelle direction vous l'avez vue partir.

LORD EDGARD. – Bien, ma chère amie.

LADY HURF. – D'ailleurs, non. Vous ne nous retrouveriez jamais. Envoyez un chasseur[1] après elle, un chasseur nous avertir et mettez-en un troisième à votre place pour nous dire où vous êtes au cas où nous repasserions par là.

Elle est sortie avec Juliette.

1. Domestique en livrée employé dans un hôtel, un restaurant, une station balnéaire...

LORD EDGARD *retombe assourdi derrière son « Times*[1] ». – Bien, ma chère amie…

Entrent les Dupont-Dufort père et fils accompagnés par la clarinette de la petite ritournelle[2] *qui leur est particulière.*

DUPONT-DUFORT PÈRE. – Suivons-les. Nous les rencontrerons par hasard au bout de la promenade et nous tâcherons de les emmener prendre un cocktail. Didier, toi qui es un garçon précis et travailleur, et, qui plus est, d'initiative, je ne te reconnais plus. Tu délaisses la petite Juliette.

DUPONT-DUFORT FILS. – Elle me rabroue[3].

DUPONT-DUFORT PÈRE. – Cela n'a aucune espèce d'importance. D'abord tu n'es pas n'importe qui, tu es le fils Dupont-Dufort. La tante a beaucoup d'estime pour toi. Elle est prête à faire n'importe quel placement sur ton conseil.

DUPONT-DUFORT FILS. – Nous devrions nous contenter de cela.

DUPONT-DUFORT PÈRE. – Dans la finance, il ne faut jamais se contenter de quelque chose… Je préférerais mille fois le mariage. Il n'y a que cela qui remettrait vraiment notre banque à flot. Ainsi du charme, de la séduction.

DUPONT-DUFORT FILS. – Oui, papa.

DUPONT-DUFORT PÈRE. – Nous sommes ici dans des conditions inespérées. Elles s'ennuient et il n'y a personne de présentable. Soyons aimables, extrêmement aimables.

DUPONT-DUFORT FILS. – Oui, papa.

---

1. Titre d'un journal anglais.
2. Court motif musical, que l'on répète régulièrement.
3. Renvoie brutalement.

Ils sont passés.

Lord Edgard, qui a tout entendu, lève la tête au-dessus de son Times *et les regarde partir. Peterbono, Hector et Gustave entrent en militaires comme le musicien attaque son second morceau. Au même moment, de l'autre côté de la scène, entrée des agents. Ballet d'ensemble autour de la nourrice à laquelle ils font tous risette, les évolutions des agents compromettant celles des voleurs. Finalement, la nourrice s'en va. Les agents faisant des moulinets derrière leur dos avec leur bâton blanc lui emboîtent galamment le pas. Lady Hurf, pendant le ballet, est revenue seule et s'est assise à côté de lord Edgard ; le morceau se termine à la sortie de la nourrice et des agents.*

PETERBONO, *dépité.* – Mes enfants, c'est la première fois que je vois rater le coup des trois militaires.

LADY HURF, *à lord Edgard.* – Eh bien, mon cher Edgard, qu'avez-vous fait de cette journée ?

LORD EDGARD, *surpris et gêné comme toujours, lorsque lady Hurf lui adresse la parole sur le mode brusque qui lui est coutumier.* – Je… J'ai… J'ai lu le *Times.*

LADY HURF, *sévère.* – Comme hier ?

LORD EDGARD, *ingénu*[1]. – Pas le même numéro qu'hier.

HECTOR, *qui observait, siffle d'admiration.* – As-tu vu les perles ?

PETERBONO. – Quatre millions.

HECTOR. – On y va ? Prince russe ?

PETERBONO. – Non. Elle a l'air à la page[2]. Espagnols ruinés.

---

1. Naïvement, innocemment.
2. Au courant de l'actualité, de ce qui est à la mode.

GUSTAVE. – C'est malin ! Vous savez bien que chaque fois que vous vous mettez en Espagnols vous êtes faits comme des rats.

PETERBONO. – Tais-toi, gamin ! Tu parles d'un métier que tu ne connais pas.

GUSTAVE. – En tout cas, moi, je ne marche pas pour me mettre en secrétaire ecclésiastique[1] comme la dernière fois. La soutane[2], c'est intenable en été !

PETERBONO. – Gustave, cesse de m'exaspérer ! Rentrons à la villa. Hector et moi serons en Grands d'Espagne[3], et tu seras en secrétaire ecclésiastique, que la soutane te plaise ou non.

Ils sortent, l'entraînant sur une petite ritournelle.

LADY HURF, *qui réfléchissait, soucieuse.* – Edgard, la situation est grave…

LORD EDGARD. – Oui, j'ai lu dans le *Times.* L'Empire…

LADY HURF. – Non, ici.

LORD EDGARD, *inquiet, regarde autour de lui.* – Ici ?

LADY HURF. – Comprenez-moi. Nous avons ici charge d'âme. Or, il se trame[4] des intrigues ; des mariages se préparent. Personnellement, je ne peux pas les suivre. Cela me donne la migraine. Qui devra les pénétrer, les diriger ?

LORD EDGARD. – Qui ?

LADY HURF. – Juliette est une folle. Éva est une folle. Moi, je n'y comprends rien et cela m'ennuie au-dessus de tout. D'ailleurs, je n'ai

---

1. Secrétaire au service de l'Église catholique.
2. Longue robe boutonnée par devant que portent les membres de l'Église catholique.
3. Nobles espagnols de haute naissance.
4. Il se prépare des manœuvres cachées.

pas plus de bon sens que ces enfants. Il reste vous, au milieu de ces trois folles.

LORD EDGARD. – Il reste moi.

LADY HURF. – Autant dire rien ! Ah ! je suis perplexe[1], extrêmement perplexe. Que va-t-il se passer dans cette ville d'eaux où les intrigues vous naissent sous les pieds comme des fleurs tropicales ? Je me demande si nous ne ferions pas mieux de quitter Vichy, et d'aller nous enterrer dans un trou de campagne. Mais, enfin, dites quelque chose, Edgard ! Vous êtes le tuteur[2] de ces deux petites, après tout !

LORD EDGARD. – Nous pourrions peut-être demander conseil à Dupont-Dufort. C'est un homme qui a l'air d'avoir du caractère.

LADY HURF. – Oui. Beaucoup trop. Vous êtes un benêt[3]. C'est à lui précisément qu'il convient de ne pas demander conseil. Les Dupont-Dufort veulent nous soutirer de l'argent.

LORD EDGARD. – Mais ils sont riches ?

LADY HURF. – C'est précisément ce qui m'inquiète : ils veulent nous soutirer beaucoup d'argent. Une commandite[4] ou un mariage. Nos deux petites avec tous leurs millions sont une proie tellement tentante.

LORD EDGARD. – Nous pourrions peut-être télégraphier en Angleterre ?

LADY HURF. – Pour quoi faire ?

LORD EDGARD. – L'agence Scottyard[5] nous enverrait un détective.

LADY HURF. – Ma foi, nous serions bien avancés ! Il n'y a pas plus filou[6] que ces gens-là.

---

1. Inquiète et indécise.
2. Personne juridiquement responsable d'un mineur.
3. Sot, nigaud.
4. Une société formée de plusieurs sortes d'associés.
5. Allusion à l'agence Scotland Yard, nom qui désigne le quartier général de la police métropolitaine de Londres.
6. Malhonnête et tricheur.

LORD EDGARD. – Alors la situation est, en effet, irrémédiable.

LADY HURF. – Edgard, vous devez avoir de l'énergie. Notre sort, à toutes, est entre vos mains.

LORD EDGARD *regarde ses mains, très ennuyé.* – Je ne sais pas si je suis bien qualifié.

LADY HURF, *sévère.* – Edgard, vous êtes un homme et un gentleman ?

LORD EDGARD. – Oui.

LADY HURF. – Prenez une décision !

LORD EDGARD, *ferme.* – Bon ! Je vais tout de même faire venir un détective de chez Scottyard en spécifiant[1] que je le veux honnête.

LADY HURF. – Jamais, entendez-vous ! S'il est honnête, il sentira mauvais et il courtisera mes femmes de chambre. Ce sera intenable. D'ailleurs, je ne sais pourquoi je vous dis tout cela. Je ne veux pas être en sécurité parfaite. Je m'ennuie comme une vieille tapisserie.

LORD EDGARD. – Oh ! chère amie…

LADY HURF. – Je ne suis pas autre chose.

LORD EDGARD. – Vous avez été si belle.

LADY HURF. – Oui. Vers 1900. Ah ! j'enrage ! Mais je veux profiter de mes dernières années et rire un peu. J'ai cru pendant soixante ans qu'il fallait prendre la vie au sérieux. C'est beaucoup trop. Je suis d'humeur à faire une grande folie.

LORD EDGARD. – Rien de dangereux, au moins ?

LADY HURF. – Je ne sais pas. Je verrai ce qui me passera par la tête.

Elle se penche vers lui.

J'ai envie d'assassiner les Dupont-Dufort.

---

1. Précisant.

Ils entrent, précédés de leur petite ritournelle, avec Éva et Juliette.

DUPONT-DUFORT PÈRE. – Comment vous portez-vous, Milady[1] ?

DUPONT-DUFORT FILS. – Milady.

DUPONT-DUFORT PÈRE. – Mon cher Lord[2]…

LORD EDGARD *l'a attiré à part.* – Méfiez-vous.

DUPONT-DUFORT PÈRE. – Pourquoi, mon cher Lord ?

LORD EDGARD. – Chut ! Je ne peux rien vous dire, mais méfiez-vous. Quittez Vichy.

DUPONT-DUFORT FILS. – Nous avons rencontré ces dames sur la promenade.

ÉVA. – Vichy est un pays impossible, on ne sait que faire pour s'amuser. Tous les hommes sont laids.

DUPONT-DUFORT FILS. – C'est bien vrai. Tous très laids.

DUPONT-DUFORT PÈRE. – Tous.

Bas à son fils.

Excellent pour nous.

ÉVA. – J'ai un rendez-vous à huit heures, ma tante. Je dînerai tard – ou je ne rentrerai pas.

DUPONT-DUFORT PÈRE, *bas à son fils.* – C'est avec toi ?

DUPONT-DUFORT FILS. – Non.

JULIETTE. – Éva, je ne t'ai pas raconté que j'avais sauvé un enfant qui

---

1. Terme employé pour s'adresser à une femme noble anglaise ; contraction de « My Lady ».
2. Titre de noblesse en Grande-Bretagne.

était tombé dans le bassin des Thermes ? J'ai fait la connaissance d'un jeune homme charmant qui avait voulu le sauver avec moi.

LADY HURF. – Juliette ne parle plus que de cela.

Les Dupont-Dufort se regardent, inquiets.

DUPONT-DUFORT PÈRE. – Ce n'était pas toi ?

DUPONT-DUFORT FILS. – Non.

JULIETTE. – Nous nous sommes séchés au soleil en bavardant. Si tu savais comme il est amusant ! C'est un petit brun. Ce n'est pas le même que toi, au moins ?

ÉVA. – Non. Moi, c'est un grand roux.

JULIETTE. – Ah ! tant mieux…

DUPONT-DUFORT PÈRE, *bas.* – Fiston, il faut absolument que tu brilles.

Haut.

Didier, as-tu été à la piscine avec ces dames pour leur montrer ton crawl impeccable ? C'est toi qui aurais sauvé aisément ce bambin !

JULIETTE. – Oh ! le crawl était bien inutile. Le bassin des Thermes a quarante centimètres de profondeur.

Pendant la fin de cette scène, Peterbono en très noble – trop noble – vieillard espagnol, Hector en Grand d'Espagne, également très réussi, et Gustave en secrétaire ecclésiastique sont entrés et s'approchent lentement.

PETERBONO. – Attention. C'est la grosse partie. Jouons serré.

HECTOR. – Ton monocle.

PETERBONO. – Le coup de la méprise[1] ! Je donnerai le signal. Gustave, plus en arrière.

La musique commence une marche d'un caractère à la fois héroïque et très espagnol. Soudain, lady Hurf, qui regardait arriver cet étrange trio, se lève, va à eux, et se précipite au cou de Peterbono.

LADY HURF. – Mais c'est ce cher duc de Miraflor !

La musique s'arrête.

PETERBONO, *gêné et surpris.* – Heuh…

LADY HURF. – Voyons, souvenez-vous ! Biarritz 1902. Les déjeuners à Pampelune. Les courses de taureaux. Lady Hurf.

PETERBONO. – Ah ! Lady Hurf !… Les courses de taureaux. Les déjeuners. Chère amie…

Aux autres :

J'ai dû me faire la tête de quelqu'un qu'elle connaît.

LADY HURF. – Comme je suis heureuse ! Je m'ennuyais à périr. Mais la duchesse ?

PETERBONO. – Morte.

1. Erreur, malentendu.

Trémolo[1] *à l'orchestre.*

LADY HURF. – Dieu ! Et le comte, votre cousin ?

PETERBONO. – Mort.

Trémolo.

LADY HURF. – Dieu ! Et votre ami l'amiral ?

PETERBONO. – Mort également.

À l'orchestre, début d'une marche funèbre[2]. *Peterbono se tourne vers les autres.*

Sauvés !

LADY HURF. – Pauvre cher ! Que de deuils…

PETERBONO. – Hélas ! Mais il faut que je vous présente mon fils Don Hector, mon secrétaire ecclésiastique Dom Petrus.

LADY HURF. – Lord Edgard que vous avez connu. C'est lui que vous battiez chaque matin au golf et qui perdait toujours ses balles.

PETERBONO. – Ha ! le golf… Cher ami…

LORD EDGARD, *affolé, à lady Hurf.* – Mais ma chère…

LADY HURF, *sévère.* – Comment ? Vous ne reconnaissez pas le duc ?

LORD EDGARD. – C'est insensé ! Voyons, souvenez-vous…

LADY HURF. – Vous n'avez aucune mémoire. N'ajoutez pas un mot,

---

1. Mouvement de vibration obtenu par le tremblement de la main du musicien sur son instrument, et qui produit un effet sonore.
2. Morceau musical que l'on joue dans l'église lors de l'enterrement.

vous me fâcheriez. Mes nièces Éva et Juliette qui me donnent beaucoup de soucis parce qu'elles sont bonnes à marier et qu'elles ont des dots exceptionnellement tentantes pour les aigrefins[1].

Les Dupont-Dufort se regardent.

DUPONT-DUFORT PÈRE. – Restons dignes.

DUPONT-DUFORT FILS. – Cela ne peut pas être nous.

Peterbono et Hector s'envoient de terribles bourrades[2].

LADY HURF. – Je suis bien heureuse de vous avoir rencontrés. Vichy est un trou. Vous vous souvenez de la redoute[3] jaune ?

PETERBONO. – Ah ! je pense bien !

DUPONT-DUFORT FILS, *à son père.* – On nous oublie.

DUPONT-DUFORT PÈRE. – Présentons-nous. Messieurs Dupont-Dufort.

DUPONT-DUFORT FILS. – Père et fils.

Pendant ces saluts, Éva regarde fixement Hector, qui feint[4] *de s'intéresser énormément à la conversation ; quant à Gustave, il a presque entièrement disparu dans sa serviette et cherche désespérément des papiers pour éviter le regard de Juliette, qui le fixe aussi, intriguée.*

1. Escrocs.
2. Poussées que l'on donne au moyen du coude ou du poing.
3. Lieu où l'on donne des fêtes, des bals...
4. Fait semblant.

LADY HURF. – Je suis sûre que vous vous ennuyez aussi ? Vous ne trouvez pas que c'est une chance inespérée de s'être rencontrés ?

PETERBONO, *coup de coude à Hector.* – Inespérée…

HECTOR, *coup de coude à Peterbono.* – Oui. Inespérée… tout à fait inespérée.

Dans leur joie ils en font trop, mais personne ne semble le remarquer.

LADY HURF. – Monsieur votre fils est charmant. N'est-ce pas, Éva ?

ÉVA. – Oui.

PETERBONO. – C'était le plus séduisant officier d'Espagne, avant la révolution.

LADY HURF. – Hélas ! Vous avez beaucoup perdu ?

PETERBONO. – Beaucoup.

LADY HURF. – Mais où êtes-vous descendus ? Vous êtes à l'hôtel ?

PETERBONO, *évasif.* – Oui…

LADY HURF. – C'est inadmissible… Edgard ? Le duc est à l'hôtel !

LORD EDGARD. – Mais je vous assure, chère amie…

LADY HURF. – Taisez-vous ! Mon cher duc, il est impossible que vous demeuriez à l'hôtel. Faites-nous la grâce d'accepter notre hospitalité. Nous avons une villa immense dont une aile[1] entière sera pour vous.

PETERBONO. – Volontiers, volontiers, volontiers, volontiers…

Énormes bourrades avec Hector. Les Dupont-Dufort échangent des regards navrés.

1. Partie située sur le côté de la villa.

Lady Hurf. – Vous pouvez, bien entendu, venir avec votre suite[1].

Elle regarde Gustave.

Que cherche-t-il ?

Peterbono. – Quelque document… Dom Petrus ?

Gustave *émerge enfin de sa serviette.* – Monseigneur ?

Il s'est mis des lunettes noires.

Lady Hurf. – Il a mal aux yeux ?

Peterbono. – Oui, très mal. Son état nécessite des soins et je ne peux pas vous infliger sa présence. Dom Petrus, nous allons accepter la généreuse hospitalité que nous offre lady Hurf. Passez à l'hôtel faire prendre nos bagages. Vous y demeurerez jusqu'à nouvel ordre. Vous y recevrez le courrier et vous viendrez prendre nos décisions chaque matin.

Gustave, *furieux.* – Mais Monseigneur…

Peterbono. – Allez !

Gustave. – Pourtant, Monseigneur…

Peterbono. – Allez, vous dis-je !

Hector pousse Gustave, qui s'éloigne à regret.

Lady Hurf, *attendrie.* – Toujours le même. Quel ton de voix ! Le ton des Miraflor. Votre cousin avait le pareil…

Peterbono. – Hélas !

Lady Hurf. – Comment est-il mort ?

1. Ensemble des domestiques qui accompagnent le maître.

PETERBONO. – Comment est-il mort ?

LADY HURF. – Oui ! Je l'aimais tant.

PETERBONO. – Vous voulez que je vous raconte les circonstances qui ont marqué son trépas[1] ?

LADY HURF. – Oui.

Il est affolé, il regarde Hector.

PETERBONO. – Eh bien, il est mort…

Hector lui mime un accident d'auto, mais il ne comprend pas cela.

Il est mort fou.

LADY HURF. – Ah ! le pauvre ! Il avait toujours été original. Mais la duchesse ?

PETERBONO. – La duchesse ?

Il regarde Hector, affolé.

Elle est morte.

LADY HURF. – Oui. Mais comment ?

Hector se touche le cœur à plusieurs reprises. Peterbono hésite à comprendre, mais comme il n'a lui-même aucune imagination, il se résigne.

---

1. Mort.

PETERBONO. – D'amour.

LADY HURF, *confuse.* – Oh ! pardon. Et votre ami l'amiral ?

PETERBONO. – L'amiral ? Ah ! lui…

Il regarde Hector qui lui fait signe qu'il n'a plus d'idées. Il se méprend[1] encore sur sa mimique[2].

Noyé. Mais excusez-moi, vous touchez de trop cuisantes plaies…

LADY HURF. – Pardon… Pardon, cher ami.

Aux autres :

Quelle race !… Quelle noblesse dans le malheur ! N'est-ce pas, cher Edgard ?

LORD EDGARD. – Chère amie, je m'obstine…

LADY HURF. – Ne vous obstinez pas, vous voyez que le duc souffre.

DUPONT-DUFORT PÈRE, *à son fils.* – Mêlons-nous à la conversation !

DUPONT-DUFORT FILS. – Quelle affreuse suite de malheurs !

DUPONT-DUFORT PÈRE. – Sur d'aussi vénérables têtes !

On ne les écoute pas.

LADY HURF *éclate de rire.* – Ah ! Biarritz était beau à cette époque. Vous vous souvenez des bals ?

PETERBONO. – Ah ! les bals…

LADY HURF. – Et de Lina Véri ?

---

1. Se trompe.
2. Geste ou expression qui cherche à mimer.

PETERBONO. – Lina Véri ? Je ne suis plus bien sûr…

LADY HURF. – Allons… Vous étiez intimes !

Aux autres :

Il est très vieilli.

PETERBONO. – Ah ! Lina Véri… Parfaitement. La haute société italienne.

LADY HURF. – Mais non. C'était une danseuse.

PETERBONO. – Oui, mais sa mère faisait partie de la haute société italienne.

LADY HURF, *aux autres.* – Il ne sait plus ce qu'il dit. Il est très fatigué. Mon cher duc, j'aimerais vous montrer tout de suite vos appartements. La villa est toute proche, au bout de l'allée.

PETERBONO. – Volontiers.

Tous se lèvent.

GUSTAVE *entre en courant, cette fois en charmant jeune homme, et magnifiquement vêtu.* – Bonjour, père !

PETERBONO, *surpris.* – Salaud.

Il présente.

Mon second fils, don Pedro, dont j'avais oublié de vous parler.

LADY HURF. – Comment, vous avez un second fils ? Mais de qui ?

PETERBONO, *affolé.* – Ah ! C'est toute une histoire.

Il regarde Hector qui lui fait signe d'être prudent.

Mais celle-là aussi touche de trop cuisantes plaies.

LADY HURF. – Venez, Edgard…

LORD EDGARD. – Mais, chère amie…

LADY HURF. – Et taisez-vous !

Ils sont tous sortis, Hector faisant des grâces à Éva qui le regarde toujours.

JULIETTE *s'approche de Gustave.* – Enfin, qu'est-ce que cela veut dire ?

GUSTAVE. – Chut, je vous expliquerai…

Ils sortent aussi. Seuls les Dupont-Dufort sont restés en arrière.

DUPONT-DUFORT FILS, *à son père.* – On nous oublie.

DUPONT-DUFORT PÈRE. – Suivons tout de même et redoublons d'amabilité. Il faut espérer que ces jeunes gens sont déjà amoureux ou bien qu'ils n'aiment pas les femmes…

Ils sortent.

RIDEAU.

BIEN LIRE

P. 34 : pourquoi la rencontre des trois voleurs avec la nourrice est-elle désignée comme étant un « ballet » ?
P. 35 : à quel « Empire » lord Edgard fait-il allusion ?
P. 36 : pourquoi Lady Hurf est-elle « extrêmement perplexe » ?

DEUXIÈME TABLEAU

Un salon de style suranné[1] dans la villa de lady Hurf. C'est le soir après dîner. Juliette et Gustave sont assis l'un près de l'autre, une petite musique romanesque dans le lointain.

JULIETTE. – Nous sommes bien ici. Personne ne vient nous déranger ce soir.

GUSTAVE. – Oui, nous sommes bien.

JULIETTE. – Depuis trois jours vous êtes triste. La nostalgie de l'Espagne peut-être ?

GUSTAVE. – Oh ! non.

JULIETTE. – Je regrette maintenant d'avoir refusé de travailler mon espagnol au collège. Nous aurions pu parler. Cela aurait été amusant.

GUSTAVE. – Je le parle moi-même très peu.

JULIETTE. – Tiens ! C'est drôle…

GUSTAVE. – Oui, c'est drôle.

Un silence.

JULIETTE. – Cela doit être amusant d'être prince.

GUSTAVE. – On s'habitue à tout.

Un silence.

JULIETTE. – Qu'avez-vous, monsieur Pedro ? Nous étions beaucoup plus amis il y a trois jours.

---

1. Démodé, vieillot.

GUSTAVE. – Je n'ai rien.

Un silence, lord Edgard passe, les bras chargés de papiers.

LORD EDGARD. – Dussé-je[1] périr à la tâche, j'en aurai le cœur net.

Il a laissé tomber tous ses papiers. Ils se précipitent pour l'aider, il leur barre la route.

N'y touchez pas, n'y touchez pas !

Il les ramasse lui-même et sort en murmurant.

Cette importante découverte, si elle se fait, doit être entourée des plus extrêmes précautions.

GUSTAVE. – Qu'a-t-il depuis que nous sommes ici à fouiller dans ces vieux papiers ?

JULIETTE. – Je ne sais pas. Il est un peu fou. Mais comme il est en même temps méticuleux, cela donne des résultats extraordinaires. Il doit chercher une vieille note de blanchisseuse.

Entre une petite fille.

Ah ! voilà ma petite amie !

LA PETITE. – Mademoiselle Juliette, je vous ai cherché des marguerites.

JULIETTE. – Merci, tu es bien gentille.

---

1. Même si je devais...

LA PETITE. – Seulement, elles n'ont pas beaucoup de pétales. Papa m'a dit que ce n'est pas de celles-là que se servent les amoureux.

JULIETTE. – Cela ne fait rien.

LA PETITE. – Il faudra que je vous en cherche d'autres ?

JULIETTE. – Non. Oui. Tu es bien gentille.

Elle l'embrasse.

Sauve-toi.

La petite sort. Juliette revient, penaude[1].

JULIETTE. – Vous me trouvez idiote ?

GUSTAVE. – Non.

JULIETTE. – Vous m'aviez dit que vous m'aimiez, monsieur Pedro, et depuis trois jours, vous ne me regardez même plus.

GUSTAVE. – Je vous aime, Juliette.

JULIETTE. – Alors ?

GUSTAVE. – Je ne peux pas vous dire.

JULIETTE. – Mon père n'avait pas de titre, c'est vrai, mais ma tante est Lady et mon grand-père était Honorable.

GUSTAVE. – Vous êtes drôle. Il ne s'agit pas de cela.

JULIETTE. – Le duc de Miraflor accepterait que je sois votre femme, croyez-vous ?

GUSTAVE *sourit.* – Oh ! sûrement !

JULIETTE. – Mais qu'est-ce qui vous donne cet air triste alors, si vous m'aimez et que tout le monde le veut bien ?

---

1. Honteuse et embarrassée.

GUSTAVE. – Je ne peux pas vous le dire.

JULIETTE. – Vous avez tout de même le sentiment que nos vies un jour pourront se rencontrer ?

GUSTAVE. – Je vous mentirais si je vous disais que je le crois.

JULIETTE *se détourne.* – Vous me faites de la peine.

GUSTAVE. – Attention, voici votre cousine…

JULIETTE. – Venez dans le jardin. Il commence à faire nuit, je veux que vous me disiez tout.

Ils sortent, la musique s'éloigne avec eux. Éva entre, suivie d'Hector. Il n'a pas la même tête qu'à la fin du premier tableau.

HECTOR. – Voyez, ils nous font place libre. On nous laisse seuls.

ÉVA. – Ce qui est malheureux, c'est que je n'ai aucunement besoin d'une place libre. Je m'accommoderais très bien d'une foule autour de nous !

HECTOR. – Vous êtes cruelle.

ÉVA. – Vous me déplaisez. C'est ma façon de vivre ; je suis cruelle avec ce qui me déplaît. Mais en revanche, quand quelqu'un me plaît, je suis capable de tout.

HECTOR, *désespéré.* – Ah ! pourquoi ne puis-je pas réussir à vous plaire une seconde fois ?

ÉVA. – Vous le savez bien, vous n'êtes plus le même.

HECTOR. – Quelle horrible absence de mémoire ! Je vous l'ai dit, ce déguisement, c'était une fantaisie d'aristocrate harassé de sa personnalité[1], qui s'amuse ainsi pour s'échapper à lui-même. Je ne peux pas pour cette fantaisie maudite perdre mon amour, Éva !

---

1. Fatigué d'être lui-même.

ÉVA. – Je conserve avec plaisir le souvenir d'un jeune homme qui m'a parlé dans le parc. Retrouvez-le. J'en serai peut-être encore amoureuse.

HECTOR. – Ah ! c'est une aventure ridicule ! Si vous consentiez au moins à me mettre sur la voie. Dites-moi seulement si j'avais une barbe quand je vous ai plu.

ÉVA. – Je vous ai déjà répondu que cela ne m'amuserait plus si je vous le disais.

HECTOR, *qui s'est retourné pour se changer de tête et qui apparaît complètement différent.* – Ce n'était pas ainsi.

ÉVA *éclate de rire.* – Oh ! non…

HECTOR. – Vous reconnaissez ma voix, mes yeux pourtant ?

ÉVA. – Oui, mais cela ne suffit pas.

HECTOR. – J'ai la même taille ! Je suis grand, bien fait. Je vous assure que je suis bien fait.

ÉVA. – Je ne crois qu'aux visages.

HECTOR. – C'est horrible ! C'est horrible ! Je ne retrouverai jamais sous quelle forme je vous ai plu. Ce n'était pas en femme, au moins ?

ÉVA. – Pour qui me prenez-vous ?

HECTOR. – Ni en Chinois ?

ÉVA. – Vous avez complètement perdu le sens. J'attendrai que vous soyez plus drôle.

Elle va s'asseoir plus loin. Il veut la suivre, elle se retourne, excédée[1].

Ah ! non, je vous en prie, non ! Ne me suivez pas tout le temps en changeant de barbe… Cela finit par me donner le vertige !

---

1. Exaspérée, très agacée.

HECTOR, *affalé*[1]. – Et dire que cet imbécile de Peterbono s'obstine à m'affirmer que c'est en aviateur !

LORD EDGARD *passe avec des papiers plein les bras.* – Il n'est pas admissible que je ne puisse retrouver cette lettre dont la vérité doit jaillir d'aussi curieuse façon.

Il aperçoit Hector avec sa nouvelle tête. Il bondit sur lui, laissant tomber tous ses papiers.

Enfin !... Vous êtes le détective de l'agence Scottyard ?

HECTOR. – Non, Monsieur.

Il se lève pour sortir.

LORD EDGARD. – Parfait ! Excellente réponse. J'ai recommandé qu'on soit discret. Mais je suis lord Edgard, lui-même, vous pouvez vous dévoiler sans crainte...

HECTOR. – Je vous dis que je ne suis pas la personne que vous attendez.

Il sort.

LORD EDGARD, *le suivant.* – Compris ! Parfait ! Vous suivez mot pour mot ma consigne. J'avais demandé qu'on soit prudent !

Lady Hurf est entrée pendant qu'ils sortaient ; elle a été s'asseoir près d'Éva, un magazine à la main.

---

1. Vautré dans le canapé.

LADY HURF. – Ma petite Éva s'ennuie.

Éva lui sourit sans lui répondre. Derrière le dos de lady Hurf, Hector revient par une autre porte avec une nouvelle tête et la montre à Éva, muet. Elle fait « non ». Il s'en va accablé.

LADY HURF, *qui a posé son magazine avec un soupir.* – Ma petite Éva s'ennuie tant qu'elle peut.

ÉVA *sourit.* – Oui, ma tante.

LADY HURF. – Moi aussi, ma chérie, je m'ennuie.

ÉVA. – Mais, moi, j'ai vingt-cinq ans, alors c'est un peu triste.

LADY HURF. – Tu verras quand tu en auras presque soixante comme moi, combien c'est plus triste, Éva. Il te reste l'amour, à toi. Tu devines qu'il y a déjà plusieurs années que j'y ai officiellement renoncé.

ÉVA. – Oh ! l'amour…

LADY HURF. – Quel soupir ! Depuis ton veuvage[1], tu as eu des amants ?

ÉVA. – Je n'en ai pas rencontré qui m'ait aimée.

LADY HURF. – Tu demandes trop. Si tes amants t'ennuient, marie-toi, cela leur donnera du piquant.

ÉVA. – Avec qui ?

LADY HURF. – Bien entendu, ces Dupont-Dufort t'excèdent comme moi. Et les Espagnols ?

ÉVA. – Le prince Hector me poursuit en changeant de moustaches dans l'espoir de retrouver l'aspect sous lequel il m'avait plu.

---

1. Depuis que ton mari est mort.

LADY HURF. – Vraiment plu ?

ÉVA *sourit.* – Je ne sais plus.

LADY HURF. – Ce sont d'étranges personnages.

ÉVA. – Pourquoi ?

LADY HURF. – Pour rien. Je te l'ai dit, je suis une vieille carcasse qui s'ennuie. J'ai eu tout ce qu'une femme peut raisonnablement et même déraisonnablement souhaiter. L'argent, la puissance, les amants. Maintenant que je suis vieille, je me retrouve autour de mes os aussi seule que lorsque j'étais une petite fille qu'on faisait tourner en pénitence contre le mur[1]. Et ce qui est plus grave, je me rends compte qu'entre cette petite fille et cette vieille femme, il n'y a eu, avec beaucoup de bruit, qu'une solitude pire encore.

ÉVA. – Je vous croyais heureuse.

LADY HURF. – Tu n'as pas de bons yeux. Je joue un rôle. Je le joue bien comme tout ce que je fais, voilà tout. Toi, tu joues mal le tien !

Elle lui caresse les cheveux.

Petite fille, petite fille, vous serez toujours poursuivie par des désirs qui changeront de barbes sans que vous osiez jamais leur dire d'en garder une pour les aimer. Surtout ne vous croyez pas une martyre[2] ! Toutes les femmes sont pareilles. Ma petite Juliette, elle, sera sauvée parce qu'elle est romanesque[3] et simple. C'est une grâce qui n'est pas donnée à toutes.

ÉVA. – Il y en a qui aiment.

LADY HURF. – Oui. Il y en a qui aiment un homme. Qui le tuent

1. Que l'on mettait au coin.
2. Personne que les autres maltraitent.
3. Qui rêve d'aventures sentimentales extraordinaires, comme on peut en lire dans les romans.

d'amour, qui se tuent pour lui. Mais elles sont très rarement millionnaires.

Elle lui caresse les cheveux encore, avec une mélancolie souriante.

Va, tu finiras comme moi, sous les traits d'une vieille femme couverte de diamants, qui joue aux intrigues pour tâcher d'oublier qu'elle n'a pas vécu. Et encore… Je voudrais rire un peu. Je joue avec le feu et le feu ne veut même pas me brûler.

ÉVA. – Que voulez-vous dire, ma tante ?

LADY HURF. – Chut ! Voici nos marionnettes.

Précédés du musicien, Peterbono et Hector paraissent sur le seuil, bientôt suivis des Dupont-Dufort. Ils se précipitent tous ensemble sur les dames, mais ce sont les voleurs qui arrivent les premiers à leur baiser les mains.

LADY HURF *pousse soudain un cri et se lève.* – Ah ! j'ai une idée !

PETERBONO, *effrayé, à Hector.* – Elle m'a fait peur. Chaque fois qu'elle crie, je crois que c'est ma barbe.

LADY HURF. – Où est Juliette ?

ÉVA. – Dans le parc, avec le prince Pedro. Ils ne se quittent pas.

PETERBONO. – Charmants enfants !

LADY HURF *appelle.* – Juliette !

JULIETTE *rentre avec Gustave.* – Vous m'appelez, ma tante ?

LADY HURF *l'attire à part.* – Tu as les yeux rouges, petite fille. Attention, il ne faut pas être malheureuse, ou bien je coupe les fils aux pantins.

JULIETTE. – Que voulez-vous dire, ma tante ?

LADY HURF. – Si j'ai parlé entre mes dents, c'est pour que tu ne me comprennes pas. Venez toutes les deux.

Elle a pris Juliette et Éva par la taille, elle les entraîne vers le jardin.

J'ai une idée pour égayer un peu cette soirée, vous allez me dire ce que vous en pensez.

Elles sont sorties. Les Dupont-Dufort se regardent.

DUPONT-DUFORT PÈRE. – Suivons ces dames, fiston. Et soyons de plus en plus aimables, notre salut[1] est à ce prix.

DUPONT-DUFORT FILS. – Oui, papa.

Les trois voleurs sont restés seuls. Détente. Ils respirent.

HECTOR, *tendant une boîte de cigares à Peterbono.* – Un cigare, cher ami ?

PETERBONO *se sert.* – Je les prise[2]. Ils sont remarquablement bons.

HECTOR, *le servant.* – Un peu de fine[3] ?

PETERBONO. – Merci

Ils boivent.

---

1. Fait d'échapper à un danger et de retrouver le bonheur.
2. Apprécie.
3. Alcool de raisin de qualité supérieure (cognac).

HECTOR. – Encore un cigare, peut-être ?

PETERBONO *les rafle carrément.* – Je suis confus. Si, si, je suis confus. Je ne peux être que confus.

Il a un remords. Il reprend la boîte.

Mais puis-je à mon tour vous en offrir un ?

HECTOR *en tire en vrac de ses poches.* – Je vous remercie. Je me suis servi.

Un moment de bonheur et d'infinie distinction. Ils se carrent béatement[1] *sur le canapé. Soudain Hector montre à Peterbono Gustave qui n'a rien dit encore, sombre et triste dans son coin.*

PETERBONO *se lève et s'approche de Gustave.* – Eh bien, fiston, tu as l'air triste ? Tu as une belle chambre, tu manges bien, tu as une belle petite à qui faire la cour, tu joues les princes et tu trouves le moyen d'être triste ?

GUSTAVE. – Je veux m'en aller.

Les deux autres ont dressé l'oreille.

PETERBONO. – Hein ? T'en aller d'ici ?

GUSTAVE. – Oui, d'ici.

PETERBONO. – Hector ! Gustave est devenu fou.

HECTOR. – Pourquoi veux-tu t'en aller ?

---

1. Exagérément satisfaits, heureux.

GUSTAVE. – Je suis amoureux de la petite.

HECTOR. – Eh bien ?

GUSTAVE. – Mais vraiment amoureux.

PETERBONO. – Eh bien ?

GUSTAVE. – Elle ne sera jamais à moi.

PETERBONO. – Pourquoi cela, fiston ? Tu n'as jamais été dans d'aussi bonnes conditions. Tu es supposé prince et riche. Cours ta chance, prends-là.

GUSTAVE. – Je ne veux pas coucher avec elle, une fois, pour être obligé de la quitter après.

PETERBONO. – Il faudra sûrement la quitter un jour.

GUSTAVE. – Et puis j'ai honte de lui jouer cette comédie. Je préfère m'en aller tout de suite, ne plus la voir.

HECTOR. – Il est fou.

PETERBONO. – Complètement fou.

GUSTAVE. – Enfin, pourquoi sommes-nous ici ?

PETERBONO. – Pourquoi ? Mais nous faisons notre saison[1], fiston.

GUSTAVE. – Nous sommes ici pour faire un coup. Faisons-le et partons.

PETERBONO. – Et la préparation ? Songes-tu à la préparation ?

GUSTAVE. – Elle a assez duré, la préparation.

PETERBONO. – Cela ne t'est pas pénible à toi, Hector, d'écouter des apprentis vouloir nous donner des leçons ?

HECTOR. – On fera le coup, bien sûr, puisqu'on est là pour cela. Mais sais-tu seulement quel coup nous voulons faire ?

GUSTAVE. – Rafler le salon ?

PETERBONO. – Avec des sacs, hein ? Comme des romanichels[2] !

---

1. **Époque durant laquelle le travail est particulièrement dense.**
1. **Vagabonds sans domicile fixe, qui vivent de petits larcins.**

Hector, cet enfant a l'esprit bien bas. Sache, gamin, que nous ne sommes pas encore fixés sur le coup que nous allons faire. Et si notre conduite peut te sembler curieuse à toi, un novice[1], c'est que nous sommes en train d'étudier les possibilités de cette maison.

GUSTAVE. – Vous vous prélassez ici parce qu'il y a de la fine et des cigares et qu'Hector croit toujours qu'il va se faire reconnaître d'Éva. Mais au fond, vous ne savez pas ce que vous voulez faire. Je suis un apprenti, peut-être, mais, moi, je vous le dis : ce n'est pas du travail !

PETERBONO *court à Hector.* – Hector, retiens-moi !

HECTOR, *qui fume encore béatement.* – Gustave, ne te bute pas. Comprends-nous…

PETERBONO. – Hector, retiens-moi !

HECTOR. – Nous hésitons…

PETERBONO. – Retiens-moi, Hector ! Retiens-moi !

HECTOR *lui prend le bras pour lui faire plaisir.* – Oui, je te retiens.

PETERBONO, *dompté.* – Tu fais bien.

HECTOR, *à Gustave.* – Nous hésitons entre plusieurs solutions possibles…

GUSTAVE. – Lesquelles ?

HECTOR. – Les lui confie-t-on, Peter ? Tu ne crains pas une indiscrétion de jeune homme ?

PETERBONO *hausse les épaules.* – Confie-les-lui. Puisque nous lui devons des comptes maintenant.

HECTOR. – Soit. Dis-lui d'abord ce que tu proposais, Peter…

PETERBONO. – À toi, Hector, à toi.

HECTOR, *gêné.* – Eh bien…

GUSTAVE. – Vous ne savez rien.

---

1. Débutant.

HECTOR *bondit sous l'outrage*[1]. – Nous ne savons rien ? Nous hésitions entre le coup du faux chèque donné en échange d'un bijou un samedi, ce qui nous donne deux jours pour nous mettre hors d'atteinte ou celui du vrai chèque reçu en échange d'un faux bijou dans les mêmes conditions... Nous pensions également offrir à lady Hurf des fleurs somnifères (en prenant garde de ne pas les respirer) pour lui subtiliser ses perles dès qu'elle dormirait !

PETERBONO, *également très remonté.* – Nous pouvions simuler un duel avec les Dupont-Dufort ! Nous les blessions et à la faveur du tumulte nous raflions l'argenterie.

GUSTAVE. – Et si c'est vous qui étiez blessés ?

PETERBONO. – Impossible !

GUSTAVE. – Pourquoi ?

PETERBONO *crie.* – Je ne sais pas ! Mais c'est impossible.

HECTOR. – Nous pouvions encore faire semblant d'avoir été volés et monter un chantage énorme !

PETERBONO. – Faire semblant de trouver une perle en mangeant des huîtres et l'échanger contre une perle de lady Hurf, que sais-je ?

GUSTAVE. – Nous sommes en été, il n'y a pas d'huîtres à Vichy.

PETERBONO. – C'est un exemple !

GUSTAVE. – En somme, vous n'avez rien trouvé. Moi, je veux faire le coup ce soir et m'en aller.

PETERBONO. – Ce soir ? Et pourquoi pas tout de suite ?

GUSTAVE. – Oui, pourquoi pas tout de suite ? Je veux m'en aller, m'en aller le plus tôt possible.

PETERBONO. – Il va nous perdre ! Gustave, pense à ta pauvre mère qui t'a confié à moi.

---

1. Injure extrêmement grave.

GUSTAVE. – Non.

PETERBONO. – Je vais te maudire ! Naturellement, cela t'est égal que je te maudisse ?

GUSTAVE. – Oui.

PETERBONO *hurle.* – Retiens-moi, Hector !

Il s'accroche à Gustave.

Quinze jours encore. Nous le ferons, le coup, mais nous sommes bien ici, et ce n'est pas si souvent que nous sommes bien…

GUSTAVE. – Non. Je suis trop malheureux.

Il sort.

HECTOR *bondit à sa poursuite.* – Suivons-le et tâchons de l'arrêter, il va causer un scandale.

PETERBONO *l'appelle.* – J'ai une idée ! Si nous faisions semblant de ne pas le connaître ?

Hector hausse les épaules, et sort sans vouloir même envisager une pareille solution.

Lord Edgard entre, précédé du musicien qui fait des trémolos sur son saxophone comme s'il pressentait quelque coup du destin. Il est en train de fouiller dans le tas de papiers qui ne le quitte jamais. Soudain il se redresse, pousse un grand cri et s'écroule évanoui sur son tas de lettres. Le musicien court chercher tout le monde en jouant des notes sans suite.

JULIETTE *entre.* – Mon oncle… Qu'avez-vous, mon oncle ?…

Elle le hisse sur un fauteuil.

Ses mains sont froides. Quel est ce faire-part[1] ?

Elle le lit, bouleversée, et le cache précipitamment dans sa poche.

Elle sort en criant.

Ma tante ! vite, ma tante !…

La clarinette est dans une grande confusion. Elle multiplie les trémolos tragiques, tout le monde entre derrière le musicien en criant ; on entend :

– Une attaque[2]…
– À son âge.
– Non, il n'est qu'évanoui.
– De l'air, écartez-vous !
– Il faut aller chercher le médecin.
– Non, il revient à lui.
– Il est tout à fait remis !
– C'est une émotion.
– Il a peut-être trouvé ce qu'il cherchait.

1. Courrier imprimé qui annonce officiellement un événement.
2. Arrêt cardiaque.

La musique s'est tue.
Un énorme silence.

PETERBONO, *à Hector, dans le silence.* – L'occasion rêvée…

HECTOR. – Oui, mais que faire ?

PETERBONO. – Rien, bien entendu, mais c'est tout de même l'occasion rêvée.

LORD EDGARD *s'est redressé lentement. Il commence d'une voix blanche.* – Mes amis, j'ai une affreuse nouvelle à vous annoncer. Le duc de Miraflor est mort à Biarritz en 1904.

Tout le monde regarde Peterbono, qui est très gêné. Petite ritournelle goguenarde[1].

PETERBONO. – C'est ridicule.

HECTOR, *bas.* – Tu parles d'une occasion rêvée !

PETERBONO, *de même.* – Ce n'est pas le moment de plaisanter. Approche-toi de la fenêtre.

LADY HURF. – Vous êtes fou, Edgard ?

LORD EDGARD. – Non, non. J'ai retrouvé le faire-part. Je savais bien que je le retrouverais ce faire-part. Depuis le premier jour…

Il se fouille.

Où est-il ? Ah ! ça, par exemple, où est-il ? Je l'avais à l'instant ! Oh ! mon Dieu, je l'ai déjà perdu !

1. Qui se moque en s'amusant.

DUPONT-DUFORT PÈRE. – Tout se découvre !

DUPONT-DUFORT FILS. – Nous sommes sauvés.

À Peterbono, qui se dirige insensiblement vers la fenêtre :

Vous ne restez pas pour prendre des nouvelles de notre hôte ?

PETERBONO. – Si, si.

LADY HURF. – Edgard, vous faites une plaisanterie ridicule à ce cher duc.

LORD EDGARD. – Mais, chère amie, je vous certifie…

LADY HURF. – Venez, mon cher duc, lui montrer que vous n'êtes pas mort.

PETERBONO, *qu'on pousse, gêné.* – Mais non, je ne suis pas mort.

LORD EDGARD. – Pourtant, j'ai retrouvé votre faire-part.

LADY HURF, *derrière lui, le pince.* – Edgard, je suis sûre que vous vous trompez. Faites vos excuses.

LORD EDGARD. – Mais enfin, chère amie…

LADY HURF *le pince plus fort.* – Je suis sûre, entendez-vous, que vous vous trompez.

LORD EDGARD *se frotte le bras, puis rageur.* – Aïe ! En effet, maintenant que vous me le dites, je pense que j'ai dû confondre avec le duc d'Orléans.

LADY HURF. – C'est parfait. L'incident est donc clos ?

PETERBONO, *soulagé.* – Complètement clos.

LADY HURF. – Alors, passons tous sur la terrasse, j'y ai fait servir le café. Je vais vous faire part de mon idée.

DUPONT-DUFORT PÈRE, *emboîtant le pas.* – Je trouve que c'est une excellente idée !

LADY HURF, *qu'il exaspère.* – Attendez, mon cher, je ne l'ai pas encore dite… Voilà, on donne ce soir un Bal des Voleurs au Casino. Nous allons tous nous déguiser en voleurs et y aller…

DUPONT-DUFORT PÈRE ET FILS *éclatent aussitôt de rire.* – Hi ! Hi ! Hi ! Dieu, que c'est drôle !

DUPONT-DUFORT PÈRE, *sortant, à son fils.* – Flattons ses moindres lubies[1].

PETERBONO, *furieux, en sortant, à Hector.* – Moi, je trouve cela de très mauvais goût. Pas toi ?

Juliette, qui est restée seule, ne bouge pas un instant. La musique a commencé doucement le thème de la romance quelque part au loin. Alors Juliette sort doucement le faire-part de son corsage et le lit.

JULIETTE. – « Nous avons la douleur de vous faire part de la mort de Son Altesse Sérénissime le duc de Miraflor y Grandes, marquis de Priola, comte de Zeste, de Galbe… On se réunira… »

Elle rêve un instant.

Son père n'est pas le duc de Miraflor, alors qui peut-il être ? Pourquoi a-t-il sorti l'automobile du garage ? Pourquoi se cache-t-il ?

LA PETITE *entre.* – Mademoiselle Juliette, j'en ai trouvé des marguerites qui ont beaucoup de pétales.

JULIETTE. – Comment, tu n'es pas encore couchée ?

LA PETITE. – Je vous cherchais des marguerites.

JULIETTE. – Merci, tu es un amour.

---

1. Caprices, fantaisies.

Elle l'embrasse.

Tu comprends, ma petite vieille, son père est sans doute un aventurier, mais il m'aime, n'est-ce pas ? Il m'aime sûrement ?

LA PETITE. – Oui, Mademoiselle Juliette.

JULIETTE. – Qu'est-ce que tu veux que cela nous fasse alors qu'il soit aventurier ou même pis ? À ma place, tu l'aimerais tout de même, n'est-ce pas ? Mais pourquoi ses yeux sont-ils si durs lorsque je veux lui parler de lui ? S'il veut me séduire, ce qui doit être assez bien pour lui puisque je suis très riche, il devrait être tout le temps aimable, au contraire… Crois-tu qu'il préfère Éva ? Cela serait terrible…

LA PETITE. – Je ne sais pas.

JULIETTE *l'embrasse encore.* – Bien sûr, tu ne sais pas. Viens. Je vais te reconduire chez ton père. Tu n'as pas peur, le soir ?

LA PETITE. – Non.

JULIETTE. – C'est très bien, moi non plus. Tu sais, il ne faut pas avoir peur des voleurs…

Elles sortent.

RIDEAU.

BIEN LIRE

P. 51 : pourquoi Juliette est-elle « penaude » ?
P. 58 : quel jeu de mots Hector fait-il en employant le verbe « priser » quand il parle des cigares ?
P. 60 : pourquoi les trois voleurs font-ils « leur saison » à Vichy ?
P. 65 : pourquoi lord Edgard ne retrouve-t-il pas le faire-part ?

TROISIÈME TABLEAU

Même décor. Au lever du rideau la pièce est dans l'obscurité. Une ombre, c'est Gustave avec une lampe électrique. Il a des vêtements sombres, une casquette. Il examine silencieusement les objets du salon. Soudain il entend un bruit, il éteint sa lampe. Un petit sifflement. Deux ombres surgissent. Deux lampes s'allument, se croisent et fixent Gustave.

GUSTAVE. – Qu'est-ce que c'est ?

L'OMBRE. – On vient pour le coup.

GUSTAVE. – C'est Peterbono ?

L'OMBRE. – Non. Nous sommes les nouveaux.

LA DEUXIÈME OMBRE. – Les nouveaux bandits.

GUSTAVE. – Mais enfin, qu'est-ce que c'est ?

Il sort un revolver.

Haut les mains !

DUPONT-DUFORT PÈRE, *car c'est lui.* – Ah ! Ah ! elle est bien bonne !… Où avez-vous trouvé ce revolver ? Il est magnifique !

GUSTAVE. – N'approchez pas ou je tire !

DUPONT-DUFORT PÈRE. – Pas de résistance, vous êtes frit !

GUSTAVE. – N'approchez pas, nom de Dieu !

Il tire.

DUPONT-DUFORT PÈRE *glousse, inconscient du danger.* – Ah ! Ah ! Bravo !

GUSTAVE. – Comment, bravo ?

Il tire encore.

DUPONT-DUFORT FILS. – Mais c'est formidablement bien imité ! Où l'avez-vous acheté ce pétard ?

GUSTAVE. – Mais enfin, n'approchez pas !

Il tire à nouveau, une potiche[1] *tombe et se brise avec un fracas épouvantable.*

DUPONT-DUFORT PÈRE, *sévère, à son fils.* – Didier, tu es toujours aussi maladroit !

DUPONT-DUFORT FILS *proteste dans l'ombre.* – Mais ce n'est pas moi, papa !

DUPONT-DUFORT PÈRE. – Ce n'est pourtant pas moi, je suis au milieu de la pièce.

DUPONT-DUFORT FILS. – Mais moi aussi, papa !

DUPONT-DUFORT PÈRE, *soudain inquiet.* – Mais alors qui a cassé ce vase ?

LORD EDGARD *entre et allume la lumière, il est en habit*[2] *avec un casque de policeman.* – Attention ! attention ! vous faites beaucoup de bruit. Comment trouvez-vous mon casque ?

DUPONT-DUFORT PÈRE, *qui s'est fait ainsi que son fils une terrible tête d'apache*[3]. – Magnifique, mon cher lord !…

Lord Edgard est sorti. Il va à Gustave ahuri.

---

1. Grand vase de porcelaine.
2. En costume de soirée, avec une veste courte devant et à longues basques derrière (queue-de-pie).
3. Voyou de grande ville.

Par exemple, vous, vous n'êtes pas très bien réussi. Un peu trop simple… Tout est dans les détails. Regardez… La petite balafre[1].

DUPONT-DUFORT FILS. – Et le bandeau noir sur l'œil.

DUPONT-DUFORT PÈRE. – Nous avons été ainsi avec des amis américains dans les bals de la rue de Lappe[2]. On ne nous a pas remarqués.

DUPONT-DUFORT FILS. – Croyez-le, si vous le voulez !

GUSTAVE. – Mais qu'allez-vous faire avec ces têtes ?

DUPONT-DUFORT PÈRE. – Aller au Casino.

DUPONT-DUFORT FILS. – Oui ! Au Bal des Voleurs ! et vous aussi !

GUSTAVE. – Ah ? Oui, naturellement… moi aussi.

DUPONT-DUFORT PÈRE. – Seulement, je vous conseille de vous refaire votre tête, mon petit ami. C'est beaucoup trop simple. Vous n'avez pas l'air d'un vrai voleur.

GUSTAVE. – Vous avez raison. J'y vais tout de suite.

Il va sortir, il s'arrête.

Dites-moi. Tout le monde y va à ce Bal des Voleurs ?

DUPONT-DUFORT PÈRE. – Bien sûr, tout le monde !

GUSTAVE. – C'est parfait. À tout à l'heure.

Il sort.

DUPONT-DUFORT PÈRE. – Il n'a aucune imagination, ce garçon !

DUPONT-DUFORT FILS. – Si les autres, comme c'est probable, se sont

---

1. Cicatrice d'une blessure faite par une arme tranchante.
2. La rue de Lappe se situe dans le 11e arrondissement à Paris. En 1930, 17 établissements de bals y étaient installés. En 1936, on y dansait surtout la java au son de l'accordéon.

fait des têtes aussi ridicules, nos affaires sont en bonne voie. Il n'y a que nous qui serons remarqués !

DUPONT-DUFORT PÈRE. – Tu as lu les derniers télégrammes ?

DUPONT-DUFORT FILS. – Oui

DUPONT-DUFORT PÈRE. – Si nous ne sortons pas d'argent de cette maison, c'est la Belgique[1]. Sois séduisant.

DUPONT-DUFORT FILS. – Tu vois bien que je fais ce que je peux.

DUPONT-DUFORT PÈRE. – Je sais. Tu es un garçon travailleur et honnête ; mais ne te relâche pas une minute. La réussite de ce soir compte beaucoup pour nous. Et d'ailleurs il y a chez nos rivaux une atmosphère louche dont un scandale ne peut manquer de naître un jour. C'est visiblement lady Hurf qui a fait taire le vieil idiot tout à l'heure lorsqu'il prétendait que le duc de Miraflor était mort en 1904. Ouvrons l'œil et soyons prêts à toute éventualité.

DUPONT-DUFORT FILS. – Il faut nous débarrasser de ces gaillards. C'est une question de vie ou de mort.

DUPONT-DUFORT PÈRE. – Laissons-les s'enferrer[2] et soyons de plus en plus aimables. Attention, voici lady Hurf !

Entrent lady Hurf et Éva, en voleuses de cotillon[3].

LADY HURF *aperçoit les Dupont-Dufort qui toussaient désespérément pour attirer l'attention.* – Oh ! Surprenants ! Ils sont surprenants ! Je ne m'attendais pas à cela de leur part. Éva, que penses-tu de nos hôtes ?

ÉVA. – Comment avez-vous fait pour vous réussir de telles têtes ?

DUPONT-DUFORT PÈRE, *minaudant*[4]. – Nous sommes bien contents.

---

1. Il faudra que l'on s'exile en Belgique (pour fuir le fisc).
2. Se prendre à leurs propres mensonges.
3. C'est-à-dire déguisées avec des costumes voyants, comme si elles faisaient partie d'un spectacle.
4. Faire des mines pour attirer l'attention, avec l'espoir de plaire.

DUPONT-DUFORT FILS. – Que vous soyez contente.

LADY HURF. – Ils ont toujours l'air d'attendre des pourboires.

ÉVA. – C'est bien cela, d'ailleurs.

LADY HURF. – Le duc et son fils tardent.

ÉVA. – Je les ai appelés en passant. Ils disent qu'ils ne peuvent pas arriver à se mettre en voleurs.

LADY HURF, *sortant.* – Messieurs, montez les chercher, je vous en prie, et donnez-leur quelque bon conseil.

DUPONT-DUFORT PÈRE. – Certainement. Certainement.

À son fils :

Soyons aimables…

DUPONT-DUFORT FILS. – Soyons très aimables.

Ils sortent avec des courbettes[1]. *Juliette passe furtivement.*

ÉVA. – Tu n'es pas encore prête ?

JULIETTE. – Je vais me préparer.

ÉVA. – Tu nous feras mettre en retard.

JULIETTE. – Partez devant. J'arriverai seule, avec la petite voiture.

ÉVA, *soudain.* – Tu es amoureuse de ce garçon ?

JULIETTE. – Pourquoi me demandes-tu cela ?

ÉVA. – C'est vrai. Pourquoi demande-t-on aux gens s'ils sont amoureux puisque cela se voit toujours ?

JULIETTE. – Cela se voit ?

ÉVA. – Oui.

JULIETTE. – Eh bien, tu te trompes. Je ne suis amoureuse de personne.

---

1. Petites révérences un peu trop forcées.

Elle va sortir. Éva la rappelle.

ÉVA. – Juliette ! Pourquoi me crois-tu ton ennemie ?

JULIETTE *s'arrête.* – Tu es mon ennemie.

ÉVA. – Non, je t'aime beaucoup. Assois-toi.

JULIETTE *marche sur elle soudain.* – Tu es amoureuse de lui, n'est-ce pas ? Tu veux me le prendre et me parler avant pour que je n'aie pas trop de peine ? D'ailleurs vous êtes peut-être même convenus de cela tous les deux ? C'est cela, n'est-ce pas. C'est cela ? Mais parle donc ! Pourquoi souris-tu ainsi ?

ÉVA. – Comme tu as de la chance d'être amoureuse à ce point !

JULIETTE. – Tu es plus jolie que moi, je le sais, et tu prends tous les hommes que tu veux.

ÉVA. – Ah ! si je pouvais les vouloir…

JULIETTE. – Tu ne le veux pas, lui ?

ÉVA. – Non, petite sotte.

JULIETTE. – Tu ne lui as jamais parlé sans que je te voie ?

ÉVA. – Si j'en avais eu envie cela m'aurait été bien difficile. Il suffit qu'il s'approche de moi par accident pour que tu ne nous quittes pas des yeux.

JULIETTE. – Je me méfie. Je l'aime vraiment, tu sais.

ÉVA. – Petite chanceuse…

JULIETTE. – Tu me jures que tu n'as jamais essayé de lui plaire ?

ÉVA. – Je te le jure.

JULIETTE. – Même le jour où vous avez dansé deux danses de suite ensemble ?

ÉVA. – C'est l'orchestre qui avait repris le tango[1].

---

1. Danse assez lente, originaire d'Argentine.

JULIETTE. – Même le jour où vous êtes partis en canot pendant que les Dupont-Dufort voulaient m'apprendre à jouer au baccara[1] ?

ÉVA. – Même ce jour-là. Il avait l'air tellement triste que je lui ai proposé tout de suite de revenir, mais nous ne t'avons pas retrouvée.

JULIETTE. – Ce jour-là, cela m'étonne bien. Il n'avait pas les mêmes yeux le soir.

ÉVA. – C'est parce qu'il m'avait demandé s'il te plaisait et que je lui avais répondu que tu étais une petite fille très fantasque[2] dont on ne pouvait rien savoir.

JULIETTE. – C'est pour cela ?

Un petit temps.

Tu aurais pu lui répondre autre chose, tout de même.

ÉVA. – Tu es contente maintenant ?

JULIETTE. – Tu n'as pas essayé de lui plaire même au début, même le premier jour ?

ÉVA. – Même le premier jour.

JULIETTE. – Alors je suis contente.

ÉVA. – Pourquoi n'as-tu jamais confiance en moi ? J'ai l'impression que je suis une vieille auprès de toi.

JULIETTE. – Tu es tellement mieux. Tu fais tellement plus femme.

ÉVA. – Tu crois ?

JULIETTE. – Cela m'étonne tout de même ce que tu me dis. Avoue qu'il est pourtant plus séduisant qu'Hector par qui tu te laisses faire la cour…

ÉVA. – Crois-tu que de te voir si amoureuse de lui cela n'aurait pas pu m'arrêter au seuil d'un simple flirt ?

---

1. Jeu de cartes.

2. Dont on ne peut jamais prévoir les réactions, un peu originale.

JULIETTE. – Tu es chic !

ÉVA. – Oh ! non. J'aurais bien voulu avoir tant envie de lui que je t'aurais sacrifiée sans penser à toi une seconde.

JULIETTE. – Quand tu manges tes perles[1], c'est que cela va mal.

ÉVA. – Cela va mal.

JULIETTE. – Tu es pourtant très belle ce soir… Tu auras tous les hommes du bal.

ÉVA. – Tous.

JULIETTE. – Je ne ris pas.

ÉVA. – Moi non plus. Je les aurai tous, j'en suis sûre. Mais c'est très triste.

JULIETTE. – Tu n'es pas heureuse ?

ÉVA. – Non.

JULIETTE. – C'est facile, tu sais, pourtant. Il n'y a qu'à se laisser aller. On ne passe d'ailleurs pas une minute sans être malheureux, mais je crois bien que c'est cela être heureux.

ÉVA. – Tu as toujours cru que j'étais la plus grande, la plus belle, la plus forte, parce que j'avais plus d'hommes autour de moi. Mais tu vois bien qu'il n'y a que toi qui es vivante ici. Il n'y a peut-être que toi à Vichy, que toi au monde…

JULIETTE, *dressée, souriant à son rêve.* – Oh ! oui, je suis vivante.

ÉVA. – Et tu es tout intacte, toute prête à croire…

JULIETTE. – À tout croire…

ÉVA. – Tu n'as jamais eu comme moi un homme dans ton lit, sans amour. Tu n'as même pas de perles à ton cou, pas de bague à ton doigt. Je suis sûre que tu es toute nue sous ta robe de toile blanche, et tu as vingt ans, et tu es amoureuse.

---

1. Tu mets ton collier de perles dans la bouche.

Juliette ne bouge pas, offerte à l'invisible avec un demi-sourire.

ÉVA *la regarde brusquement.* – Juliette, pourquoi n'es-tu pas en voleuse comme nous ?

JULIETTE *éclate soudain de joie.* – Oh ! Je suis trop heureuse ! Je n'ai pas le courage de rester près de toi qui es triste. Quand je serai un peu moins heureuse, je penserai à toi, je te le jure.

Elle l'embrasse et se sauve.

Chut !

ÉVA. – Quel mystère ! Que veux-tu dire ?

Lady Hurf entre avec les Dupont-Dufort.

LADY HURF. – Nous allons faire une entrée magnifique.

DUPONT-DUFORT PÈRE. – Ces Messieurs sont prêts.

LADY HURF. – Sont-ils bien ?

DUPONT-DUFORT PÈRE. – C'est une affaire de goût.

DUPONT-DUFORT FILS. – D'ailleurs les voici.

Peterbono et Hector entrent. Ils se sont fait des têtes de bandits d'opérette[1] *absolument ridicules. Tous éclatent de rire.*

1. Qu'on ne peut pas prendre au sérieux.

HECTOR. – Pourquoi rient-ils ?

PETERBONO. – Comment s'imaginent-ils les voleurs ? Ils n'ont jamais été au théâtre ?

LADY HURF. – Mais en quoi êtes-vous, mon cher duc ?

PETERBONO. – En voleur.

HECTOR, *à Éva.* – Ce n'était pas ainsi, au moins ?

ÉVA. – Oh ! non !

PETERBONO, *à lady Hurf.* – Vous ne nous aimez pas ?

LADY HURF. – Beaucoup !

PETERBONO. – Avouez que nous ne sommes pas bien.

LADY HURF. – Mon cher, on ne peut pas demander à des Grands d'Espagne de se réussir des têtes de voleurs.

PETERBONO. – Bien dit. N'est-ce pas, Hector ?

Énormes bourrades.

LADY HURF. – En route. La voiture est prête. Où est lord Edgard ? Il ne peut pas s'arracher de la glace.

Elle appelle.

Edgard !

Il apparaît, toujours en habit, avec son casque de policeman, mais il s'est rasé les moustaches.

LORD EDGARD. – Est-ce que vous croyez que j'ai bien fait de me raser les moustaches ?

LADY HURF, *sans même le regarder.* – Je ne sais pas ! Allez, au bal ! Au bal !

La musique attaque aussitôt un quadrille[1] *très brillant, que les voleurs dansent avec les ladies sans que les Dupont-Dufort arrivent à y prendre part – puis une java*[2] *extrêmement canaille*[3] *que les Dupont-Dufort finissent en désespoir de cause par danser ensemble avec beaucoup de brio*[4]*… Tous les personnages sortent en dansant.*

DUPONT-DUFORT PÈRE, *sortant le dernier en dansant avec son fils.* – Nos affaires vont de mieux en mieux.

DUPONT-DUFORT FILS. – Soyons spirituels[5] en diable.

DUPONT-DUFORT PÈRE. – Et redoublons d'amabilité.

La scène reste vide un instant. Un domestique passe et éteint le grand lustre. Il ferme les fenêtres. Un moment encore et Gustave paraît. Il écoute. On entend l'auto qui s'éloigne. Il fait le tour de la pièce en inspectant les objets un à un. Soudain il se plaque contre le mur…

JULIETTE *entre en costume de voyage.* – Me voilà.

GUSTAVE. – Qu'est-ce que vous venez faire ici ?

JULIETTE. – Je viens.

GUSTAVE. – Pourquoi n'êtes-vous pas avec les autres ?

JULIETTE. – Je viens vous retrouver.

---

1. Danse durant laquelle on effectue une série de figures.
2. Danse à trois temps, assez rapide.
3. Coquine, plutôt vulgaire.
4. Adresse et talent.
5. Amusants.

GUSTAVE. – Fichez le camp, allez !

JULIETTE. – Pourquoi me parlez-vous durement ?

GUSTAVE. – Fichez le camp.

JULIETTE. – Je vais partir, bien sûr, si vous ne me voulez pas. Je croyais que vous m'auriez voulue. Qu'avez-vous ?

GUSTAVE. – J'ai mal à la tête. Je veux rester ici.

JULIETTE. – Pourquoi me racontez-vous cette histoire, à moi ?

GUSTAVE. – Je ne vous raconte pas d'histoire. Fichez le camp, ma petite. Allez, oust !

JULIETTE. – Mais vous ne m'avez jamais parlé comme cela !

GUSTAVE. – Il y a un commencement à tout.

JULIETTE. – Qu'est-ce que je vous ai fait ?

GUSTAVE. – Rien de particulier. C'est trop compliqué à vous expliquer et, d'ailleurs, vous ne comprendriez peut-être pas.

JULIETTE. – Mais, Monsieur Pedro…

GUSTAVE. – Primo : il n'y a pas de Monsieur Pedro, je m'appelle Gustave ; deuxièmement : je vous demande de sortir.

JULIETTE. – Et moi qui croyais que vous m'aimiez…

GUSTAVE. – On se trompe quelquefois.

JULIETTE. – Mais vous me le disiez !

GUSTAVE. – Je vous mentais.

JULIETTE. – Oh ! ce n'est pas vrai…

GUSTAVE *va à elle, décidé.* – Ma petite vieille, j'ai besoin que vous sortiez rapidement.

JULIETTE. – Pourquoi ?

GUSTAVE. – Vous comprendrez tout à l'heure. Pour l'instant, montez dans votre chambre y pleurer vos illusions perdues.

Il la prend par les bras pour la reconduire à la porte.

Mais qu'est-ce que vous faites avec ce manteau ? En quoi êtes-vous déguisée ?

JULIETTE. – En costume de voyage.

GUSTAVE. – En costume de voyage ? Qu'est-ce qui vous prend ?

JULIETTE. – Oh ! ne vous fâchez pas. Je venais vous rejoindre pour partir. Une fois vous m'aviez dit que nous partirions ensemble.

GUSTAVE. – Oui. Mais je plaisantais. D'ailleurs, comment savez-vous que je dois partir ?

JULIETTE. – Je le sais.

GUSTAVE. – Vous avez l'air de savoir beaucoup de choses. Venez avec moi.

JULIETTE. – Nous allons peut-être rencontrer un domestique dans le couloir.

Il la regarde.

Il vaut mieux ne pas bouger d'ici. Ici nous ne risquons rien.

GUSTAVE. – Dupont-Dufort père et fils doivent vous attendre. Allez vous mettre en voleuse comme les autres.

JULIETTE. – Les voleuses n'ont jamais de costumes de voyage ?

GUSTAVE. – Vous n'allez pas voyager. Vous allez au bal.

JULIETTE. – Une fois qu'ils ont volé, les voleurs s'en vont généralement. Pourquoi ne voulez-vous pas que je m'en aille avec vous, puisque vous allez partir ?

GUSTAVE *lui saute dessus.* – Oh ! vous, ma petite, vous en savez trop !

JULIETTE. – Oh ! ne me faites pas de mal !

GUSTAVE. – N'ayez pas peur. Une simple mesure de précaution.

Il l'a ligotée sur sa chaise, il fouille dans son sac.

JULIETTE. – Oh ! ne me volez pas mon sac, il n'y a rien dedans. D'ailleurs, je vous le donne.

GUSTAVE. – Je vous remercie, je veux simplement un mouchoir.

JULIETTE. – Pour quoi faire ?

GUSTAVE. – Pour vous bâillonner.

Il a trouvé son mouchoir qui est minuscule.

A-t-on idée d'avoir des mouchoirs aussi petits ? Tant pis, le mien est propre.

Il le jette.

JULIETTE. – Oh ! mais je ne vais pas crier ! pas crier, je vous le jure… Monsieur Pedro ! Gustave, Gusta…

Il l'a bâillonnée.

GUSTAVE. – Voilà, ma petite. Si tu te crois au Bal des Voleurs, tu te trompes ; moi, je suis un vrai voleur. Hector et le duc de Miraflor également. Mais eux, en plus, ce sont des imbéciles. Tu t'es fait des illusions, voilà tout, et ta tante qui est une vieille piquée[1] s'en est fait plus que tout autre. Moi, je suis là pour faire un coup et je vais le faire.

Elle s'agite.

1. Folle.

Ça va… ça va… N'essayez pas de m'attendrir. J'en ai vu d'autres.

Il commence à garnir ses sacs des objets les plus invraisemblables qu'il trouve dans le salon. Au bout d'un moment il la regarde, il a un remords.

Cela ne vous serre pas trop ?

Elle fait non de la tête.

Ça va. Vous êtes sage. Vous comprenez, ma petite vieille, je vous ai fait des roucoulades[1] comme ça, mais au fond je n'en pense pas un mot. C'était pour mon coup.

Elle s'agite.

Cela vous embête… Oui, je sais, ce n'est pas très élégant. Que voulez-vous ? Dans tous les métiers il y a comme cela une petite part qui n'est pas très élégante. À part cela, je suis honnête, moi, dans mon genre. Je fais mon métier simplement. Sans fioritures[2]. Ce n'est pas comme Peterbono et Hector. Peterbono, c'est le duc de Miraflor. Il faut être propre dans sa partie, ou sans cela il n'y a plus de vie possible.

Il la regarde à la dérobée.

1. Je vous ai dit des mots doux.
2. Sans faire de détails, la vérité nue.

Cela ne vous serre pas ?

Il lui sourit.

Cela m'ennuie un peu de vous avoir fait ce coup-là, parce qu'au fond j'ai menti tout à l'heure. Je vous aime bien.

Il se remet au travail.

Enfin, que voulez-vous ? quand le bon Dieu a inventé les voleurs, il a bien fallu qu'il les prive de quelque chose. Il leur a retiré l'estime des honnêtes gens. Au fond, ce n'est pas terrible. Il aurait pu y avoir plus de casse.

Il hausse les épaules, il ricane sans oser la regarder.

Dans quelque temps, vous verrez, nous n'y penserons même plus.

Il continue d'empiler des objets. Elle s'agite. Il la regarde.

S'il y avait quelque chose qui vous plaisait ici, il faut me le dire. Je vous le laisserais, en souvenir. Cela me ferait plaisir de vous faire un petit cadeau, quoi !

Elle le regarde, il est gêné, il s'arrête…

Oh ! ne me regardez pas ainsi. Cela me fend le cœur. Vous le voyez bien que je ne fais cela que parce que je ne peux pas faire autrement. Alors ? Laissez-moi faire mon boulot tranquillement.

Elle remue.

Vous êtes mal ? Vous ne vous étouffez pas au moins ? Juliette, si vous me jurez de ne pas appeler, je m'en vais vous retirer votre bâillon. Vous me jurez ?

Elle fait oui.

C'est bon, j'ai confiance en vous.

Il lui ôte son bâillon.

Qu'est-ce que vous allez me dire maintenant, que je suis un vrai voleur ?

Il s'assied, résigné.

JULIETTE, *sitôt délivrée.* – C'est idiot ! C'est complètement idiot ! Enlevez-moi ces cordes.

GUSTAVE. – Ah, ça non ! Je suis un bon type, mais je suis sérieux en affaires.

JULIETTE. – Mais écoutez-moi au moins !

GUSTAVE. – Qu'est-ce que vous voulez me dire ?

JULIETTE. – Si j'ai mon manteau de voyage, si je suis venue vous retrouver ici, ce n'est pas pour faire l'idiote ligotée sur une chaise. Je le sais bien que vous êtes un voleur. Si vous n'aviez pas été un vrai voleur, je n'aurais pas pensé que vous alliez partir au milieu de la nuit puisque vous êtes l'invité de ma tante.

GUSTAVE. – Qu'est-ce qui vous prend ?

JULIETTE. – Je vous le répète depuis une heure, je vous aime ! Je vous ai vu sortir une voiture du garage, je me doutais que vous étiez un vrai voleur et que c'est ce soir que vous feriez le coup. Comme j'ai pensé que vous partiriez une fois votre coup fait, je me suis habillée pour vous suivre. Vous n'avez pas l'intention de rester ?

GUSTAVE. – C'est une question qu'on ne pose pas aux voleurs.

JULIETTE. – Alors, emmenez-moi puisque je vous le demande…

GUSTAVE. – Mais je suis un voleur…

JULIETTE *crie, exaspérée.* – Mais je le sais que vous êtes un voleur ! Vous ne faites que répéter cela. Je me demande comment vous ne vous faites pas remarquer. Allez, détachez-moi les mains.

GUSTAVE. – Mais, Juliette…

JULIETTE. – Détachez-moi les mains. Cela me fait horriblement mal.

GUSTAVE. – Vous me jurez de ne pas vous sauver pour avertir votre tante ?

JULIETTE. – Bien sûr, je vous le jure. Ah ! vous êtes idiot !

GUSTAVE. – J'ai confiance en vous, mais je n'y comprends rien.

Il lui détache les mains. Elle se remet immédiatement de la poudre[1] *; puis se lève, décidée.*

JULIETTE. – Nous avons perdu un quart d'heure. Dépêchez-vous. Il ne s'agit pas d'être pris maintenant. Vous en avez assez comme cela ?

Elle montre ses sacs du pied.

1. Fard pour le visage (fond de teint).

GUSTAVE. – Mais que faites-vous ?

JULIETTE. – Oh ! vraiment, vous me feriez douter de votre présence d'esprit. Il faut vous rabâcher les choses. Oui ou non, est-ce que je vous plais ?

GUSTAVE. – Oh ! oui… Mais.

JULIETTE. – Bon. C'est l'essentiel. Maintenant, laissez-moi parler. Gustave, si vous me trouvez gentille, moi, je vous aime et je veux être votre femme. Oh ! rassurez-vous… Si vous avez peur d'avoir des ennuis avec l'état civil, nous ne nous marierons pas vraiment ! Voilà. Maintenant…

Elle prend un des sacs.

C'est tout ce qu'on emporte ?

GUSTAVE *lui arrache le sac des mains.* – Non, Juliette ! Vous ne savez pas ce que vous faites. Je ne veux pas. Vous ne pouvez pas me suivre. Qu'est-ce que vous feriez avec moi ?

JULIETTE. – Je vous aiderai. Je ferai le guet. Je sifflerai quand il viendra quelqu'un. Je sais très bien siffler. Tenez, écoutez.

Elle siffle terriblement fort.

GUSTAVE, *épouvanté.* – Chut ! méfiez-vous !…

Un silence, ils écoutent.

JULIETTE, *humblement.* – Pardon… Je suis idiote. Emmenez-moi. Je sifflerai moins fort, je vous le jure, et seulement quand il faudra.

GUSTAVE. – Juliette, c'est un caprice, vous vous moquez de moi, c'est mal.

JULIETTE. – Oh ! non. Ne croyez pas cela. Surtout pas cela ! Je vous aime.

GUSTAVE. – Mais vous savez à quelle vie vous vous exposez ?

JULIETTE. – Oui. Embrassez-moi.

GUSTAVE. – Juliette, c'est fini votre tranquillité.

JULIETTE. – Elle était en train de me tuer, ma tranquillité. Embrassez-moi.

GUSTAVE. – Juliette, vous êtes heureuse ici tout de même. Vous ne savez pas ce que c'est de fuir et d'avoir peur. Vous êtes habituée au luxe.

JULIETTE. – Mais nous sommes riches avec ce que nous emportons. Si cela vous ennuie tant que je sois traquée par la police, nous ne volerons plus.

GUSTAVE. – Les voleurs ne sont pas des gens riches. Tout ce qu'on prend se revend très mal.

JULIETTE. – Nous serons pauvres alors. Embrassez-moi.

GUSTAVE. – J'ai honte, Juliette.

JULIETTE. – Tu es un petit idiot, chéri. Embrasse-moi.

GUSTAVE. – J'ai honte, Juliette, j'ai honte.

JULIETTE. – Cela ne fait rien. Embrasse-moi.

Ils s'embrassent longtemps.

JULIETTE *sort de ses bras, radieuse.* – Je suis heureuse. Vite, vite, maintenant.

Elle s'arrête.

Oh ! mais tu n'emportes pas les petits émaux[1] ? Tu es idiot, mon chéri, c'est ce qui a le plus de valeur.

Elle court les décrocher.

Et les petits Fragonards[2] !...

Elle fouille dans le sac.

Laisse les candélabres[3], c'est du faux bronze... Tu vois comme tu avais besoin de moi. Je vais bien t'aider, tu verras. Embrasse-moi.

GUSTAVE. – Ma petite voleuse.

Ils s'embrassent. Ils sortent.

RIDEAU.

1. Petits tableaux miniatures faits en émail.
2. Tableaux réalisés par Jean Honoré Fragonard (1732-1806), célèbre peintre français.
3. Grands chandeliers à plusieurs branches.

BIEN LIRE

p. 69 : pourquoi les Dupont-Dufort ne peuvent-ils pas comprendre que Gustave se sert d'un vrai revolver ?

p. 70-71 : pourquoi Gustave n'est-il pas au courant de la sortie prévue au Bal des Voleurs ?

p. 71-72 : que pensent les Dupont-Dufort de Peterbono et ses compagnons ?

p. 74-75 : pourquoi Juliette se méfiait-elle d'Éva jusqu'à présent ?

p. 83 : pourquoi Gustave a-t-il des remords ?

QUATRIÈME TABLEAU

C'est une heure plus tard, dans le jardin d'hiver[1].

La clarinette, qui vient de jouer le thème du bal, le reprend d'une façon nostalgique… Les personnages rentrent à la queue leu leu, tête basse, et s'assoient vexés et abattus.

LADY HURF. – Évidemment, c'est ridicule.

HECTOR. – Ils auraient tout de même pu nous laisser entrer.

LADY HURF. – C'est ridicule. A-t-on idée aussi d'écrire le titre des bals en caractères minuscules. Les Français ont la passion des économies !

LORD EDGARD. – Ils nous ont renvoyés de la façon la plus pénible.

ÉVA. – Que voulez-vous, mon oncle, ces gens-là organisent un Bal des Fleurs. Je comprends que nos accoutrements les aient effrayés.

LADY HURF. – Un Bal des Fleurs ! C'est d'un niais ! Un Bal des Fleurs !…

DUPONT-DUFORT PÈRE. – Ce qui m'étonne, c'est que vous ayez pu confondre Bal des Fleurs et Bal des Voleurs.

LADY HURF. – Vous auriez dû les regarder, vous, mon cher, les affiches, si vous aviez si bonne vue !

DUPONT-DUFORT PÈRE. – Mais, sacrebleu[2]…

DUPONT-DUFORT FILS, *bas.* – Ne sois pas imprudent, papa.

LADY HURF. – C'est d'ailleurs à cause de vos têtes que notre groupe n'a pas pu passer.

PETERBONO. – Moi, je serais certainement entré. C'est étrange : ils avaient compris que j'étais en coquelicot.

---

1. Pièce vitrée où l'on met les plantes à l'abri en hiver.
2. Juron familier qui marque l'impatience ou l'étonnement.

LADY HURF. – Naturellement ! Nous pouvions tous passer. C'est à cause d'eux… Mais quel mauvais goût ! Regardez-les donc ! On dirait des apaches !

DUPONT-DUFORT PÈRE. – Mais pour un Bal des Voleurs, il me semble…

LADY HURF. – Des Fleurs ! des Fleurs ! Vous n'allez pas reparler de ce Bal des Voleurs toute la soirée !

DUPONT-DUFORT FILS. – Ne t'excite pas, papa…

À lady Hurf :

Nous sommes navrés.

DUPONT-DUFORT PÈRE, *minable.* – Nous ne le ferons plus.

LADY HURF. – Il est bien temps !

LORD EDGARD. – Nous pourrions peut-être tout de même passer la soirée ainsi, entre nous, pour ne pas perdre complètement notre effort ?

LADY HURF. – Vous êtes fou, Edgard. Montons nous déshabiller. Nous jouerons au bridge[1], une fois de plus.

Elle soupire, tout le monde l'imite.

LORD EDGARD. – Alors, si c'était pour jouer au bridge… j'aurais préféré garder mes moustaches !

LADY HURF, *étourdiment.* – Moi aussi !

Elle passe. À Peterbono :

---

1. Jeu de cartes qui se joue à quatre.

Mon cher duc, me pardonnerez-vous cette soirée perdue ?

PETERBONO, *bourrade à Hector.* – Une soirée n'est jamais perdue.

LADY HURF. – Une autre fois, je lirai mieux les affiches et nous irons entre gens de goût.

Elle sort avec Éva et lord Edgard.

PETERBONO, *en sortant d'un autre côté, à Hector.* – La bague. Les perles.

HECTOR. – Portefeuille.

PETERBONO. – Parfait.

Les Dupont-Dufort sont restés seuls.

DUPONT-DUFORT PÈRE. – Cela va mal.

DUPONT-DUFORT FILS. – Très mal.

DUPONT-DUFORT PÈRE. – Ces gaillards-là sont ici dans le même but que nous, c'est évident, mais tout les favorise, et nous n'avons vraiment pas de chance.

DUPONT-DUFORT FILS, *devant une glace.* – Nous nous étions pourtant réussi de bien belles têtes.

DUPONT-DUFORT PÈRE. – Pas pour un Bal des Fleurs.

DUPONT-DUFORT FILS. – A-t-on idée d'organiser un Bal des Fleurs !

DUPONT-DUFORT PÈRE. – A-t-on idée surtout de lire : Bal des Voleurs sur une affiche, alors qu'il y a écrit : Bal des Fleurs. Quelle vieille folle !

DUPONT-DUFORT FILS, *montrant le salon voisin par la baie ouverte, crie soudain.* – Papa !

DUPONT-DUFORT PÈRE. – Qu'est-ce qu'il y a ?

DUPONT-DUFORT FILS. – Regarde le mur.

DUPONT-DUFORT PÈRE. – Eh bien, le mur ?

DUPONT-DUFORT FILS. – Les Fragonards !

DUPONT-DUFORT PÈRE. – Tu penses bien qu'en un pareil moment je n'ai pas envie de m'extasier sur de la peinture.

DUPONT-DUFORT FILS. – Papa ! Les Fragonards ne sont plus sur le mur !

Il se précipite dans le salon.

DUPONT-DUFORT PÈRE. – Eh bien ?

DUPONT-DUFORT FILS, *du salon.* – Ni les émaux ! On a pris les chandeliers de bronze, les tabatières[1] ; les tiroirs sont ouverts.

Il rentre.

Papa, on a cambriolé ici !

DUPONT-DUFORT PÈRE *se lève.* – Sortons. On va dire que c'est nous.

DUPONT-DUFORT FILS. – Tu es fou ? Nous étions au bal avec tous les autres. Papa, on a cambriolé !

DUPONT-DUFORT PÈRE, *qui a été voir.* – C'est évident, on a cambriolé. Mais pourquoi cette joie ? Cela ne peut pas arranger nos affaires.

DUPONT-DUFORT FILS. – Tu ne comprends donc pas que si l'on a cambriolé pendant que nous étions au Casino, les soupçons ne peuvent se porter que sur quelqu'un dont tout le monde a remarqué l'absence insolite[2] ? De qui tout le monde a-t-il remarqué l'absence ?

DUPONT-DUFORT PÈRE. – Le petit Pedro ?

---

1. Petites boîtes dans lesquelles on mettait le tabac à priser. C'était souvent des objets précieux.
2. Bizarre, anormale.

DUPONT-DUFORT FILS. – Mais oui ! Le petit Pedro !

DUPONT-DUFORT PÈRE. – Dans ce cas pourtant, les autres devraient être complices ?

DUPONT-DUFORT FILS. – Ils sont complices. Ils sont venus avec nous, sans doute pour ne pas éveiller les soupçons, mais en ce moment ils sont partis, ou bien ils vont partir d'un moment à l'autre.

DUPONT-DUFORT PÈRE. – Ah ! Didier, tu es magnifique ! Tu ranimes ton vieux père. Embrasse-moi. Enfin ils se dévoilent. Ils sont coulés, fiston, et nos affaires n'ont jamais été aussi bonnes.

DUPONT-DUFORT FILS. – Il faut que cela soit définitif. Qu'ils ne puissent pas nier ni fuir. Téléphonons immédiatement au commissariat.

Il prend l'appareil.

Allô… Donnez-moi le commissariat de police, Mademoiselle, vite…

DUPONT-DUFORT PÈRE, *qui arpente le salon voisin en hurlant.* – Les Fragonards ! les émaux ! les candélabres ! les tabatières ! Deux tiroirs forcés ! C'est magnifique !

DUPONT-DUFORT FILS. – Allô, le commissariat de police ? Ici, la villa des Boyards. Un vol important vient d'être commis. Oui, les voleurs sont encore ici. Vous pourrez les prendre au piège. Vite. Très vite.

DUPONT-DUFORT PÈRE *rentre radieux.* – Dans mes bras, fiston !

Ils s'embrassent.

DUPONT-DUFORT FILS. – Appelons tout le monde et confondons-les.

Il va à la porte.

Holà ! Quelqu'un !... Quelqu'un !... Holà !

DUPONT-DUFORT PÈRE. – Holà ! Holà !

LORD EDGARD *entre dégrimé*[1] *comme le seront tous ceux qui vont revenir.* – Qu'est-ce qu'il y a ?

DUPONT-DUFORT FILS. – Un vol vient d'être commis.

LORD EDGARD. – De nos jours, c'est une chose qui n'étonne plus personne. Où cela ?

DUPONT-DUFORT FILS. – Mais ici...

LORD EDGARD. – Ici ?

DUPONT-DUFORT PÈRE, *très excité.* – Ici. Ici même, dans ce salon !

LORD EDGARD. – Dans ce salon ? Qu'a-t-on volé ?

DUPONT-DUFORT PÈRE, *comme un camelot*[2]. – Les Fragonards ! les émaux ! les chandeliers ! les tabatières ! les tiroirs ! Entrez ! Entrez !

LORD EDGARD *entre dans le salon et revient s'écrouler sur une chaise.* – C'est horrible, je m'en doutais.

DUPONT-DUFORT PÈRE ET FILS, *ensemble.* – Nous aussi !

LORD EDGARD. – Savez-vous qui c'est ?

DUPONT-DUFORT PÈRE. – Nous nous en doutons !

LORD EDGARD. – Moi aussi.

Éva entre.

Ma petite fille, on vient de nous voler.

ÉVA. – Comment cela ?

DUPONT-DUFORT PÈRE *recommence.* – Les Fragonards ! les émaux ! les candélabres ! les tabatières !

---

1. Démaquillé, sans postiche ni perruque.
2. Marchand ambulant qui vend des marchandises sur les marchés.

ÉVA. – Je suis bien contente pour les candélabres, ils étaient affreux. Mais cela m'ennuie pour les Fragonards.

HECTOR *entre triomphant avec une nouvelle tête.* – Éva, cette fois m'y voici !

ÉVA. – Non.

LORD EDGARD *bondit sur lui.* – Enfin ! C'est lui. Ah ! mon cher détective, vous ne pouvez pas vous figurer comme vous arrivez à point. Un vol important vient d'être commis. Nous soupçonnons des imposteurs[1] que nous hébergeons ici par un étrange caprice de ma cousine. Vous allez immédiatement les arrêter, mon cher détective.

ÉVA. – Mais que vous prend-il, mon oncle ? C'est le prince Hector. Enlevez donc cette barbe, Hector !

HECTOR *enlève sa barbe, modeste.* – Oui, c'est moi, mon cher Lord.

LORD EDGARD, *soudain furieux.* – Est-ce que vous avez bientôt fini de vous moquer de moi, jeune homme ?

HECTOR, *qui recule imperceptiblement vers la porte.* – Mais je ne me moque pas de vous, mon cher Lord…

LORD EDGARD. – J'admets bien les plaisanteries quoiqu'elles ne soient pas d'un très bon goût avec un homme de mon âge. Mais il ne faut pas les renouveler trois fois par jour…

HECTOR. – Mais je ne me moque pas de…

Il est près de la porte. Il se heurte aux Dupont-Dufort père et fils qui l'ont suivi.

DUPONT-DUFORT FILS. – Non.

1. Personnes qui abusent de la confiance de quelqu'un pour le voler ou profiter de lui.

DUPONT-DUFORT PÈRE. – Non. Vous ne vous moquez pas de lui. Restez donc. Tout va s'arranger.

HECTOR. – Enfin, qu'est-ce à dire ? On me soupçonne ?

ÉVA. – Messieurs, je vous prie de laisser le prince Hector !

HECTOR. – N'est-ce pas, Éva ? C'est insensé !

LADY HURF *entre avec Peterbono.* – Qu'avez-vous tous à crier, vous faites un bruit épouvantable ?

PETERBONO. – On ne s'entend positivement plus.

LORD EDGARD. – C'est affreux ! Un vol terrible ! Je m'en doutais. Je vous l'avais dit qu'il était mort en 1904 et que c'étaient des imposteurs.

DUPONT-DUFORT PÈRE, *en même temps.* – Les Fragonards ! les émaux ! les tabatières ! les candélabres ! les tiroirs !

LADY HURF. – Je vous en prie, ne parlez pas tous ensemble. Je n'ai rien compris. D'abord, laissez-moi m'asseoir. Je suis fourbue[1].

Pendant les cris des deux autres et le silence qui suit, Hector fait des signes désespérés à Peterbono pour qu'ils se sauvent. Peterbono croit qu'il a sa manche relevée, une tache sur son revers, ou quelque chose accroché dans le dos. Il se brosse ; il se regarde dans les glaces, et ne comprend toujours pas. Finalement il renonce à chercher, avec un haussement d'épaules.

LADY HURF *s'est assise.* – Allons. Contez-moi cela.

PETERBONO, *très engageant, s'assoit aussi.* – Excellente idée ! Contez-nous cela !

---

1. Épuisée.

LORD EDGARD, *très vite.* – Je vous l'avais bien dit qu'il était mort en…

DUPONT-DUFORT PÈRE, *avec lui.* – Tout ! Tout ! Tout ! Tout !… Les Fragonards…

Ils s'arrêtent en même temps et se regardent.

ÉVA. – C'est un vol, ma tante.

LADY HURF. – Un vol ?

ÉVA. – Oui. Pendant notre absence, on a emporté les petits émaux, les Fragonards et, je crois bien, les candélabres.

LADY HURF. – Tant mieux, c'était du faux bronze.

LORD EDGARD. – Je l'avais dit ! Je l'avais dit !

LADY HURF. – Quelque domestique sans doute. Ils sont au complet ?

ÉVA. – Je ne sais pas.

DUPONT-DUFORT PÈRE. – Il faut avertir la police.

LADY HURF. – Non.

DUPONT-DUFORT PÈRE. – Comment non ?

LADY HURF. – Je vous dis non, je ne veux pas de police chez moi.

DUPONT-DUFORT FILS. – Mais nous avons déjà téléphoné, Milady.

LADY HURF. – Enfin, Messieurs, quelles sont ces manières ? Ne suis-je pas maîtresse ici ? Je vous trouve singulièrement dépourvus de gêne depuis quelques jours.

DUPONT-DUFORT FILS. – Pourtant nous vous…

DUPONT-DUFORT PÈRE. – Vous nous…

LADY HURF. – Éva. Téléphonez que personne ne vienne.

DUPONT-DUFORT PÈRE. – C'est trop tard. Ils sont certainement en route.

Hector et Peterbono s'étaient dirigés doucement vers la porte. Quand lady Hurf avait interdit d'appeler la police, ils s'étaient arrêtés, espérant encore. À ces derniers mots, ils tentent brusquement de se sauver.

DUPONT-DUFORT PÈRE. – Tenez. Les voilà qui fuient !

DUPONT-DUFORT FILS. – Oh ! c'est trop fort ! Nous vous sauverons malgré vous. Haut les mains !

DUPONT-DUFORT PÈRE. – Haut les mains !

Ils les menacent de leurs revolvers.

LADY HURF. – Messieurs, je suis ici chez moi ! Je vous somme de rentrer ces armes !

DUPONT-DUFORT FILS. – Non !

DUPONT-DUFORT PÈRE. – Non ! Vous nous remercierez plus tard…

LADY HURF. – Éva, je vais avoir une crise de nerfs ! Appelle les domestiques. Émile ! Quelqu'un, vite ! Joseph ! quelqu'un !

LES AGENTS *entrent sur ces cris.* – Nous voici ! Sosthène, à toi le gros !

Ils ont vu ces deux horribles têtes de bandits qui menaçaient ces gentlemen de leurs armes. Ils n'ont pas hésité. Ils se précipitent sur les Dupont-Dufort.

Ah ! mes lascars[1]. Nous vous tenons !

DUPONT-DUFORT PÈRE ET FILS, *qui reculent.* – Mais… Mais… Mais

1. Voyous, bandits.

ce n'est pas nous… Pas nous ! Au contraire… C'est nous qui avons téléphoné. C'est insensé ! C'est eux !

Ils se heurtent en reculant, puis ils se heurtent en voulant fuir en avant au cours d'un petit ballet cocasse dont la dernière figure est leur capture par les agents.

LES AGENTS, *qui les ont chargés sur leurs épaules avec les gestes des acrobates de cirque.* – Et voilà !

À Hector :

Si vous voulez nous donner un coup de main pour ouvrir la porte, Monsieur, ce n'est pas de refus !

HECTOR. – Volontiers ! Très volontiers !

Les agents emmènent les Dupont-Dufort, malgré leurs protestations déchirantes.

LORD EDGARD, *affolé.* – Mais, chère amie…

LADY HURF, *sévère.* – Edgard, taisez-vous.

DUPONT-DUFORT PÈRE, *emporté, hurle en vain.* – Mais dites-leur quelque chose, voyons ! Dites-leur quelque chose…

DUPONT-DUFORT FILS, *passant près d'Éva.* – Mademoiselle Éva !…

Les Dupont-Dufort sont sortis, sur le dos des agents salués par leur petite ritournelle.

LADY HURF, *tranquillement.* – Eh bien ! je suis très contente. Voilà trois semaines que ces gens-là étaient chez moi et je ne savais comment m'en débarrasser.

LORD EDGARD, *vaincu par ces émotions, est tombé à demi évanoui dans un fauteuil.* – Et dire que je suis ici pour me soigner le foie !

LADY HURF. – Éva, montez donc chercher des sels[1] à votre oncle.

Elle sort. Lady Hurf regarde Peterbono, qui depuis l'arrestation des autres s'étrangle, pris d'un fou rire inextinguible[2].

Mon cher, ce n'est pas la peine de tant rire, je sais parfaitement que c'est vous le vrai voleur.

Il s'arrête net. Elle fouille dans sa poche.

Rendez-moi mes perles. Vous n'êtes pas très fort.

PETERBONO. – Mais comment cela se fait-il ?

LADY HURF. – Vous avez de grands bagages ? Seront-ils longs à faire ?

PETERBONO, *minable.* – Oh ! non…

LADY HURF. – Alors je vous conseille de monter vite là-haut.

PETERBONO. – Oh ! oui…

HECTOR *entre, superbe.* – Voilà, Milady, les coquins sont en de bonnes mains.

Peterbono tousse.

---

1. Poudre médicinale que l'on fait respirer à quelqu'un qui a un malaise.
2. Qu'il ne peut réprimer.

Vous n'êtes pas bien, mon cher père ?

LADY HURF. – Non. Il n'est pas très bien. Montez donc avec lui dans vos chambres.

HECTOR. – Vraiment, mais d'où souffrez-vous ?

LORD EDGARD, *qui est revenu à lui.* – Vous voyez bien que le duc de Miraflor était mort en 1904 !

LADY HURF. – Je le savais depuis longtemps, mon cher.

HECTOR, *ne comprenant toujours pas les signes de Peterbono, badin*[1]. – Ha, ha, ha… C'est cette vieille plaisanterie !

LADY HURF. – Le duc est mort entre mes bras, ou peu s'en faut. Je savais donc parfaitement à qui nous avions affaire. Seulement je m'ennuie tant, mon vieil Edgard !

HECTOR *se rapproche enfin de Peterbono.* – Mais enfin qu'est-ce que c'est ?

PETERBONO. – Imbécile, il y a une heure que j'essaie de te le dire, nous sommes découverts, mais elle nous laisse partir.

HECTOR. – Hein ? Mais puisqu'on vient d'arrêter les autres ?

LADY HURF *va à eux, souriante.* – Je ne pense pas, Messieurs, que vous vouliez attendre la visite du commissaire.

HECTOR. – Mais c'est inadmissible ! De quoi nous accuse-t-on ? Nous avons été avec vous toute la soirée.

PETERBONO. – Ne fais pas le malin. Viens donc !

HECTOR. – Je ne vous comprends pas, mon cher père ! Nous sommes vos invités, Madame, et ce vol n'est pas une raison pour nous traiter ainsi, nous, des Miraflor y Grandes !

PETERBONO *ne peut s'empêcher de ricaner malgré le tragique de la situation.* – Miraflor y Grandes ! Ah ! la ! la ! Tu es fou. Viens donc.

1. Sur le ton de la plaisanterie.

LADY HURF. – Allez donc, Monsieur, puisque tout le monde vous le conseille !

HECTOR. – Je n'admets pas ce ton !

À Peterbono :

Jouons beau jeu.

ÉVA *entre.* – Voici les sels.

HECTOR. – Je n'admets pas ce ton ! Parce que si vous jugez notre présence indésirable, je me ris – entendez-vous – de vos présomptions[1] absolument erronées[2] et injurieuses. Je sais quelqu'un qui ne dépend pas de vous et qui la trouvera désirable, ma présence ! Éva, Éva, mon amour, j'ai enfin retrouvé ma tête !

Il se tourne et se fait rapidement la tête qu'il avait à la première scène.

PETERBONO. – Hector, pas de fantaisie ! le commissaire va arriver.

HECTOR, *qui se grime.* – Laisse-moi. Nous sommes sauvés.

LADY HURF *s'assoit, abattue.* – Edgard, si cette enfant, qui est extrêmement volontaire, retombe amoureuse de lui, la situation est sans issue.

LORD EDGARD. – Je n'y comprends absolument rien. Que prépare-t-il ? Une plaisanterie encore ? C'est un garçon qui en fait beaucoup trop.

HECTOR *se retourne triomphant.* – Éva, mon amour ! Éva ! Était-ce bien ainsi ?

---

1. Suppositions.
2. Fausses.

Un silence. Éva le regarde, tous retiennent leur respiration.

ÉVA, *tranquillement dans le silence.* – C'est vrai. C'était ainsi. Mais j'avais dû vous regarder très vite… Maintenant vous ne me plaisez plus du tout.

LADY HURF *a bondi.* – Dieu soit loué ! À la porte ! À la porte !

HECTOR. – Mais voyons, Éva… C'est inconcevable…

PETERBONO, *bas.* – Fais donc vite, idiot. Elle m'a repris le collier, mais j'ai conservé la bague.

Ils sortent, très dignes. Une petite musique allègre[1] *salue leur départ.*

LADY HURF *les a regardés partir avec un sourire attendri.* – Pauvre vieux ! Je lui ai laissé ma bague. En somme, ils sont restés quinze jours ici à cause de moi. Et nous n'avons pas le droit de leur faire perdre leur temps. C'est un métier qui ne doit pas rapporter tant que cela.

LORD EDGARD. – Ce que je ne comprends pas, c'est le rôle du petit.

Les deux femmes le regardent, soudain angoissées.

Le petit… Vous savez, le petit, qui était si gentil ?

ÉVA. – Juliette ? Où est Juliette ?

LADY HURF. – Juliette ? Elle n'est pas venue au bal. Elle n'est pas dans sa chambre ? Dans un salon d'en haut ? Au jardin ?

---

1. Vive, pleine d'entrain.

ÉVA. – Je cours voir. Oh ! c'est une supposition impossible.

LORD EDGARD. – Quelle supposition, je ne comprends pas bien ?

Lady Hurf est tombée assise sur le sofa, elle joue nerveusement avec ses perles.

Pourquoi cet air tragique, puisque tout est fini maintenant ?

LADY HURF. – Mais non, tout n'est pas fini, imbécile ! Ce garçon a enlevé Juliette avec les tableaux du salon. Je vous l'avais bien dit d'être énergique et de prendre des précautions, qu'il nous arriverait un malheur !

Éva revient.

ÉVA. – Elle n'est pas en haut. Les domestiques battent le jardin[1].

LADY HURF. – C'est horrible.

LORD EDGARD. – Juliette, notre petite Juliette serait volée ?

ÉVA. – Oui.

LORD EDGARD. – Mais elle est grande ! Elle aurait pu se défendre. Appeler. C'est rempli de domestiques ici.

LADY HURF. – Vous ne comprenez donc pas qu'il l'a séduite ? Il la fera voler ou faire le trottoir.

LORD EDGARD, *qui ne comprend pas.* – Le trottoir ?

Il comprend soudain.

Le trottoir !

---

1. Cherchent partout dans le jardin.

Il s'écroule. La clarinette joue une musique qui croit être tragique. Un silence. Ils méditent tous trois douloureusement. La musique reprend son thème tragique en s'en moquant, puis passe bientôt au thème de la romance qui est tout à fait de mise en un pareil moment. En effet Gustave est entré doucement sur la pointe des pieds. Il a les bras chargés de tant de choses qu'il ne voit pas très bien où il va. Il porte Juliette endormie et les sacs. Il traverse le salon en musique et sans que les autres, contre toute évidence, le voient. Soudain il heurte un fauteuil. Les sacs tombent avec fracas. Les autres sursautent, les voient et poussent un cri.

LADY HURF. – Il l'a tuée !

Trémolo à l'orchestre. Gustave prend peur. Il veut poser Juliette endormie sur un canapé, mais, au cri, elle a ouvert les yeux, elle s'est agrippée à lui.

JULIETTE. – Non ! Non ! Non ! Pourquoi m'avez-vous ramenée ?… Non. Il ne faut pas qu'il parte ou bien je m'en vais avec lui !

LADY HURF. – Juliette…

LORD EDGARD. – Ma petite enfant…

JULIETTE *leur crie de toutes ses forces, le visage couvert de larmes.* – Oui. Vous le méprisez, je sais, mais, moi, je l'aime. N'essayez pas de me parler, je veux partir avec lui parce que je l'aime. N'essayez pas de me dire quelque chose, je ne pourrais que vous détester. Gustave… Gustave… Pourquoi m'as-tu ramenée ?

Il se débat. Il veut se sauver, elle le retient.

Non, reste ou permets-moi de te suivre. Pourquoi m'as-tu ramenée, Gustave ? Tu m'as trouvée trop bête, trop naïve ? C'est parce que je me suis endormie à côté de toi dans l'automobile que tu ne me veux plus ? C'est vrai, ordinairement on ne s'endort pas le soir de son aventure… Mais j'étais fatiguée, mon chéri, et j'ai l'habitude de me coucher tôt.

Elle s'est caché la tête contre lui.

LORD EDGARD. – Qu'est-ce qu'elle dit ?

LADY HURF, *émue.* – Taisez-vous donc. C'est très joli ce qu'elle dit.

JULIETTE *s'est dégagée comme une petite furie et tournée vers eux, sans lâcher Gustave.* – Non, je n'ai pas honte ! non, je n'ai pas honte !… Vous pouvez dire tout ce que vous voulez, je n'aurai jamais honte… Je l'aime, je veux qu'il soit mon amant, puisque vous n'accepterez jamais qu'il soit mon mari. Tenez, je vais l'embrasser devant vous.

Elle se jette à son cou. Il hésite d'abord, puis il la voit dépeignée, avec ses larmes et son rire, et lui aussi oublie les autres.

GUSTAVE. – Je vous aime, Juliette.

JULIETTE. – Tu vois, nous nous embrassons devant eux.

Ils s'embrassent.

LORD EDGARD, *qui a mis son lorgnon.* – Mais… Ils s'embrassent !

LADY HURF. – Eh bien ! oui. Ils s'embrassent. Et après ?… Cela ne vous est jamais arrivé ?

Elle les contemple, ravie.

Ils sont charmants…

LORD EDGARD, *ému.* – C'est vrai. Vous vous souvenez, Émily ?

LADY HURF. – Ils font un couple délicieux.

LORD EDGARD, *tout à ses souvenirs.* – Délicieux ! Vous vous souvenez… Le Crystal Palace[1] ?

LADY HURF. – Tous deux la même taille. Il est ravissant. Regardez la race de ce profil. Cette timidité exquise et tout de même cette force. Il fera un mari rêvé pour notre terrible et douce petite Juliette…

Elle s'arrête.

Mais qu'est-ce que vous me racontez, Edgard ? C'est un voleur.

LORD EDGARD, *souriant.* – Eh oui ! Un voleur…

LADY HURF. – Mais alors, c'est impossible ! Nous avons perdu le sens. Il faut le mettre à la porte.

La musique s'est tue de saisissement.

LORD EDGARD, *navré.* – Oh !… Mais ils s'aiment…

LADY HURF. – Je le sais qu'ils s'aiment, mais il le faut absolument. Il le faut. Elle ne peut épouser un garçon qui n'a ni père ni mère.

LORD EDGARD. – Oh !…

---

1. Palais d'exposition londonien en fer, fonte et acier qui a été construit pour l'exposition universelle de 1851. Il a été détruit par un gigantesque incendie en 1936.

On le voit chercher violemment. Soudain il crie.

Attendez ! Attendez !

Gustave et Juliette, surpris par son cri, s'arrêtent de s'embrasser. Il traverse la scène en courant comme un fou et sort.

LADY HURF. – Où va ton oncle, Éva ?

JULIETTE. – Je ne le quitterai jamais ! Je ne le quitterai jamais ! Je ne le quitterai jamais !

GUSTAVE, *qui la tient contre lui, en manière d'explication.* – Nous nous aimons.

La clarinette fait entendre une petite supplication.

LADY HURF. – Je m'en rends compte, mais que voulez-vous que j'y fasse ? Vous êtes un garçon de rien[1] – si ce n'est pis. Il va falloir partir.

La clarinette supplie encore.

JULIETTE. – S'il part, je partirai avec lui !

LADY HURF. – Cette fois, nous t'en empêcherons.

La clarinette s'est faite déchirante pour implorer. Alors lady Hurf va au musicien, furieuse.

---

1. Sans valeur, sans importance.

Et d'abord, vous, mon ami, vous commencez à m'agacer. Fichez-moi le camp !

La clarinette essaie de protester.

Fichez-moi le camp immédiatement !

Elle le chasse ; le musicien s'en va, pathétique[1], *en exprimant son désespoir sur son instrument.*

LORD EDGARD *entre comme un bolide avec une photographie, des rubans, des médailles. Il marche sur Gustave menaçant.* – Vous avez bien vingt ans, n'est-ce pas ?

GUSTAVE. – Oui.

LORD EDGARD. – Bon.

Il regarde sa photographie, le regarde à plusieurs reprises, recule en clignant de l'œil, comme un peintre devant son tableau.

Levez la tête… Parfait. Ouvrez votre veste, votre chemise. Plus haut. Parfait. Maintenant le signe de l'oreille.

Il lui soulève l'oreille.

Bon !

---

1. Émouvant dans l'expression de son désespoir.

Il lui présente une médaille.

Vous reconnaissez cette médaille ?

GUSTAVE. – Non.

LORD EDGARD *la jette.* – Cela ne fait rien. Vous êtes mon fils ! Vous êtes mon fils qui m'a été volé en bas âge !

Il tombe dans ses bras.

LADY HURF. – Mais Edgard, vous êtes fou ?

GUSTAVE *se dégage, furieux.* – Lâchez-moi, Monsieur, je ne comprends pas ce que vous avez.

À Juliette :

Qu'est-ce qu'il a ?

LORD EDGARD, *à lady Hurf.* – Nierez-vous qu'un fils naturel m'ait été volé en bas âge ?

À Gustave :

Nierez-vous que vous n'êtes pas très certain de vos origines paternelles ? Non. Non. Vous êtes mon fils, mon cher fils. Mon fils !

Il tombe à nouveau dans ses bras.

JULIETTE *saute de joie.* – Oh !… Comme c'est bien, comme c'est bien, Gustave !…

GUSTAVE, *se dégageant brusquement.* – Non ! Cela ne prend pas.

LORD EDGARD. – Qu'est-ce qui ne prend pas ?

GUSTAVE. – Je suis sûr, moi, que je ne suis pas votre fils.

LORD EDGARD. – Ainsi j'aurai attendu vingt ans que cet enfant me soit rendu par le ciel et, lorsque le ciel enfin daigne me le rendre, c'est lui qui refuse de me reconnaître pour père ?

GUSTAVE. – Non. Tout cela, c'est des manigances[1] parce que vous voyez que la petite est amoureuse de moi, mais je ne peux pas accepter.

LADY HURF. – Il est honnête.

LORD EDGARD. – C'est horrible ! C'est horrible ! Mon fils me renie !

Il trépigne.

GUSTAVE. – Non. Je ne peux pas accepter. C'est gentil ce que vous faites, c'est très gentil. Mais je ne peux pas. Je ne suis pas un type dans votre genre.

LADY HURF. – C'est tout de même malheureux que ce garçon soit le seul d'entre nous qui ait le sens des castes[2].

LORD EDGARD. – Je suis horriblement humilié de ce mépris de mon enfant. Je vais m'abîmer de douleur[3].

Il s'abîme en effet de douleur sur le fauteuil le plus proche.

Ça y est, je m'abîme. Allez-vous me laisser m'abîmer longtemps ?

LADY HURF. – Vous pouvez peut-être accepter, Monsieur, vous voyez que votre père souffre…

GUSTAVE. – Mais non, voyons. Je n'ai aucune raison.

---

1. Manœuvres, combines.
2. Clans sociaux (ici, la noblesse opposée à la bourgeoisie et à la roture).
3. Me plonger dans ma douleur.

JULIETTE. – Oh ! que si… Venez avec moi dans le jardin comme avant. Je vais vous dire toutes les raisons que vous avez. Allons, venez. Venez tout de même… Cela ne vous engage à rien après tout de venir dans le jardin…

Elle l'a entraîné.

LADY HURF, *dès qu'ils sont sortis.* – Edgard, ce n'est pas vrai ! Vous n'avez jamais eu de fils volé en bas âge.

LORD EDGARD. – Non. Ce n'est pas vrai. C'était une photo découpée dans un magazine.

LADY HURF. – Ainsi vous avez joué les imbéciles pendant cinquante ans et vous étiez capable de trouver cela tout seul !

ÉVA, *qui a assisté à toute la scène sans rien dire.* – Comme elle va être heureuse !

LADY HURF, *les regardant s'éloigner, rêveuse.* – Oui.

ÉVA. – Et je m'en vais continuer à jouer mon rôle de charmante jeune femme qui a beaucoup de succès.

LADY HURF. – Ma pauvre Éva ! Que veux-tu ? On n'apprend pas à croire. Elle est finie, notre belle aventure. Nous nous retrouvons tous seuls, comme des bouchons. Il n'y a que pour ceux qui l'ont jouée avec toute leur jeunesse que la comédie est réussie, et encore c'est parce qu'ils jouaient leur jeunesse, ce qui réussit toujours. Ils ne se sont même pas aperçus de la comédie !

UN MONSIEUR À BARBE, *entrant.* – Je suis le détective de l'agence Scottyard.

LORD EDGARD *pousse un rugissement, lui saute dessus et lui tire la barbe.* – Ah ! non, Monsieur ! Cela ne prend plus !

LE DÉTECTIVE. – Arrêtez ! vous êtes fou ! Vous me faites mal !

LORD EDGARD, *très étonné.* – Comment, elle est à vous ?

LE DÉTECTIVE. – Mais bien sûr qu'elle est à moi !

LORD EDGARD. – Vous êtes donc vraiment le détective que j'avais demandé à l'agence Scottyard ?

LE DÉTECTIVE. – Puisque je viens de vous le dire !

LORD EDGARD. – Alors on n'a plus besoin de vous : la pièce est finie.

LE DÉTECTIVE, *débonnaire*[1]. – Dans ce cas…

Il tire sa clarinette de sa poche – car c'était aussi le musicien – et commence à jouer un petit pas redoublé qui sert de finale et que les personnages de la pièce, entrés par toutes les portes, dansent en échangeant leurs barbes.

FIN DU « BAL DES VOLEURS ».

1. Indulgent, gentil.

BIEN LIRE

p. 101 : pourquoi Peterbono est-il pris d'un fou rire ?

p. 108 : pourquoi lady Hurf dit-elle qu'elle ne peut accepter l'union de Gustave et Juliette ?

p. 110-111 : quelle astuce lord Edgard a-t-il trouvée pour faire accepter le mariage de Juliette et Gustave ?

Après-texte

POUR COMPRENDRE

GROUPEMENT DE TEXTES

INFORMATION/DOCUMENTATION

Lire

1 Scène 1 : comment les personnages de la Duchesse et d'Hector sont-ils immédiatement caractérisés au début de la scène 1 ? Quel est l'effet produit sur le spectateur ?

2 Scène 1 : à qui la Duchesse donne-t-elle tous les renseignements concernant Humulus ? Pour quelle raison doit-elle être aussi précise ?

3 Scène 1 : relevez toutes les phrases dans les répliques de la Duchesse qui font d'elle un personnage absurde. Justifiez votre relevé.

4 Scène 1 : quelle est la nationalité du Gouverneur ? Quelle est sa fonction ?

5 Scène 2 : de quelle nature sont les compliments faits par Hector à Humulus ? Relevez des exemples.

6 Scène 3 : comment expliquez-vous la réponse d'Hélène alors qu'Humulus est resté silencieux ?

7 Scène 4 : qu'est-ce qui fait du texte du Gouverneur une déclaration d'amour plutôt ridicule ?

8 Scène 4 : quels sont les « mots neutres » de la déclaration d'amour rédigée par le Gouverneur ? Relevez-les et classez-les.

9 Scène 4 : relevez tous les éléments de cette scène qui la rendent amusante.

10 Après avoir lu la totalité de la pièce, relevez tous les indices qui annoncent discrètement la chute.

Écrire

11 Imaginez la vie du petit groom (scène 2) au château de Brignoc. Racontez l'une de ses journées.

12 Faites la liste des grands principes de la Duchesse. Pour chacun d'eux, écrivez une notice qui justifie qu'ils sont complètement dépassés et inapplicables.

13 Faites le récit de la rencontre d'Humulus et Hélène.

14 Rédigez vous aussi un texte de trente mots exactement pour aider Humulus à déclarer son amour à Hélène. Puis apprenez-le par cœur et dites-le, comme Humulus, « d'une voix de stentor ».

15 Rédigez une suite de deux ou trois courtes scènes à cette petite pièce.

Chercher

16 Relevez les situations et les répliques qui se répètent dans l'ensemble de la pièce. Imaginez une mise en scène différente pour chacun de ces moments, puis une mise en scène similaire (mouvements des personnages, musique, costumes...).

17 Relevez tous les moments où l'orchestre intervient et dites comment il participe à l'action. Proposez ensuite un accompagnement musical de votre choix, éventuellement avec l'aide de votre professeur de musique.

18 Faites la liste des accessoires et des éléments du décor nécessaires pour monter cette pièce. Proposez également des idées de costumes pour chacun des personnages.

19 Depuis environ vingt ans, Humulus vient dire un mot à sa grand-mère pour le nouvel an, comme « bonheur » et « prospérité ». Faites la liste des dix-huit autres mots qu'il aurait pu prononcer à cette occasion.

20 Faites une recherche sur les titres de noblesse.

21 Faites une recherche sur la langue des signes : son origine, son fonctionnement, sa pratique en France et à l'étranger.

À SAVOIR

LA CARACTÉRISATION DES PERSONNAGES

Le mot caractère a pour étymologie un mot latin qui signifiait *empreinte, signe distinctif*. En littérature, il désigne l'ensemble des traits psychologiques et comportementaux qui distinguent un personnage. Caractériser un personnage de théâtre, c'est donc le « marquer » et faire en sorte de lui donner des particularités. L'auteur peut les accentuer pour en faire un personnage comique, et afin que le spectateur reconnaisse en lui un type (comme le séducteur, la coquette, le naïf, le prétentieux...) et comprenne sans difficulté son fonctionnement.

On peut distinguer plusieurs types de caractères psychologiques (le jaloux, le misanthrope, l'avare...) qu'on peut aussi associer aux conditions sociales (le juge, le commerçant, le banquier...) et aux relations familiales (le père de famille, l'oncle « d'Amérique »...) et affectives (la maîtresse, le meilleur ami...).

DÉGUISEMENTS ET BONNES MANIÈRES

Lire

1 Observez les didascalies initiales (présentation des personnages). Comment pouvez-vous expliquer le regroupement des personnages ?

2 Quels sont les personnages qui apparaissent au début de la pièce qui ne sont pas indiqués dans la liste des personnages ?

3 Dans quel lieu l'action se situe-t-elle ? Quel en est l'intérêt pour la mise en scène ?

4 Observez les indications de décor. Quel est l'élément central ? Que peut-on en déduire sur les attentes des spectateurs ?

5 Quels renseignements le spectateur concernant les différentes relations établies entre les personnages obtient-il ?

6 Plusieurs avertissements signalant une menace sont donnés par différents personnages. Lesquels ? Concernant quel danger ?

7 P. 28-29 : comment expliquez-vous l'explosion de colère de Peterbono ?

8 À ce moment de la pièce, quel butin les trois voleurs ont-ils constitué ?

Écrire

9 L'un des estivants a remarqué le manège de nos trois voleurs, et se rend au syndicat d'initiative pour les signaler et toucher sa « prime en nature ». Racontez.

10 En vous appuyant sur la réplique de Peterbono (p. 30), imaginez la scène qui a précédé le départ de Gustave en apprentissage chez Peterbono. Vous ferez intervenir les personnages de Peterbono, Gustave et la mère de ce dernier.

11 Rédigez les modes d'emploi d'autres « coups » montés par l'équipe de Peterbono, intitulés « Le coup du croissant au beurre », « Le coup de la toile de maître », « Le coup du chauffeur de taxi » et « Le coup de la pantoufle ». Vous pouvez proposer d'autres idées.

12 Racontez en détail la scène de la noyade et du sauvetage du petit enfant. Insistez sur les sentiments de Juliette.

13 Tous les personnages principaux sont désormais entrés en scène. Présentez chacun d'eux dans une fiche descriptive, que vous compléterez au fur et à mesure de l'avancement de votre lecture.

Chercher

14 Faites une recherche sur le genre de la comédie-ballet.

15 Faites une recherche sur les villes d'eau et le thermalisme à la fin du XIXe siècle.

16 En vous appuyant sur la définition du terme « scène » donné dans l'encadré « À savoir », dites combien de scènes on aurait pu dénombrer si l'auteur s'était conformé à l'usage classique. Quel peut être l'intérêt de ne pas choisir ce découpage ?

À SAVOIR

LE TEXTE DRAMATIQUE

Le **texte dramatique** (= de théâtre) obéit à un certain nombre de règles de présentation : les **noms des personnages** sont en lettres capitales, les **indications scéniques** (ou didascalies) en italiques et entre parenthèses.

Il est subdivisé le plus souvent en **actes**, en **scènes** ou en **tableaux.** L'acte correspond à un moment de l'action qui se déroule dans un endroit donné. La scène correspond à la présence simultanée des mêmes personnages sur le plateau de théâtre. On change donc de scène quand au moins un personnage entre ou sort. Le tableau désigne la division d'une pièce, marquée par un changement de décor. On peut ainsi changer plusieurs fois de tableaux à l'intérieur d'un acte. Il désigne également un jeu de scène : en se disposant et s'immobilisant pendant un instant tous ensemble sur la scène, les acteurs représentent à proprement parler un tableau (ou une photographie). C'est ce qu'on appelle un « tableau vivant ».

Les personnages dialoguent en échangeant des **répliques.** Quand un personnage parle « à part », c'est-à-dire pour lui seul (en même temps que pour le public, bien sûr), et que ses partenaires ne sont pas censés l'entendre, il fait un **aparté.** Quand il est tout seul et qu'il se parle à lui-même, il s'agit d'un **monologue.** Quand une réplique est très longue, on l'appelle **tirade.** C'est par les paroles prononcées que l'on comprend l'action, car en se parlant les uns aux autres, les personnages s'adressent en fait au public : c'est la **double énonciation.**

Les **didascalies** sont importantes pour la mise en scène de la pièce et l'interprétation des acteurs. Mais Jean Anouilh les utilise aussi pour renforcer la tonalité humoristique, en donnant des précisions sur ses personnages, sur leur façon de se mouvoir sur la scène. Il insiste ainsi sur l'aspect visuel de sa pièce, qu'il associe effectivement à un ballet dansé.

PANOPLIE DE VOLEURS

Lire

1 Quel est l'intérêt dramatique du « ballet » autour de la nourrice (p. 34) ?

2 Quels sont les autres « coups » proposés par Peterbono et Hector à la fin de ce tableau ?

3 Quels rapports lady Hurf entretient-elle avec lord Edgard ? Quelles confidences lui fait-elle ?

4 Quel malentendu va orienter toute la fin du premier tableau ?

5 Relevez différentes formes de comique.

Écrire

6 Rédigez la lettre que lord Edgard va envoyer à l'agence Scottyard.

7 Rédigez le monologue intérieur de Gustave alors qu'il est déguisé en secrétaire ecclésiastique.

Chercher

8 D'après les renseignements fournis dans l'ensemble du premier tableau, définissez l'époque de l'action. Quels sont les éléments qui permettent d'affirmer que l'intrigue est contemporaine à l'écriture de la pièce ?

9 Combien de « scènes » peut-on discerner dans l'ensemble du premier tableau ? Que peut-on en déduire sur la rapidité de l'action ?

10 Relevez l'ensemble des accessoires et éléments de costumes nécessaires aux trois voleurs pour monter le premier tableau du *Bal des voleurs*.

À SAVOIR

LES FORMES DU COMIQUE

Le comique de mots Le rire provient de l'usage amusant que le personnage fait du langage : jeux de mots, accents, déformations, mots inventés, allusions, tics de langage...

Le comique de gestes Le rire provient de l'usage amusant que l'acteur fait de son corps : déplacements et mouvements, imitations, gestes qui sont mal adaptés à la situation...

Le comique de caractère Le rire provient du comportement particulier d'un personnage, du fait de ses défauts, ses traits de caractère, ses aspects ridicules...

Le comique de situation Le rire provient de l'impossibilité qu'éprouve le personnage à maîtriser la situation.

Le comique de répétition Le rire provient de l'emploi volontairement répété d'un mot, d'une expression ou d'un geste.

PANTINS ET MARIONNETTES

Lire

1 Comment justifiez-vous la présence de la petite fille ? Est-elle nécessaire du point de vue dramatique ?

2 Quelles sont les informations supplémentaires que l'on obtient sur les trois personnages féminins dans le début du deuxième tableau ?

3 Comment lady Hurf juge-t-elle et nomme-t-elle ses invités ?

4 Relevez les passages dans lesquels lady Hurf exprime ses désirs et ses intentions.

5 À ce moment de l'action, définissez quels sont les objectifs de chacun des personnages.

Écrire

6 Imaginez la conversation de Gustave et de Juliette dans le jardin : Gustave ne peut pas dire la vérité, mais il ne veut toujours pas mentir à Juliette.

7 Juliette écrit à sa meilleure amie. Elle lui raconte sa rencontre avec Gustave, les sentiments qu'elle éprouve pour lui et son inquiétude quant à la tristesse qu'il manifeste. Elle lui demande aussi conseil.

Chercher

8 Comparez l'attitude de Juliette et celle d'Éva face à leur amoureux.

9 Comparez les deux conversations de lady Hurf avec ses nièces : celle qu'elle a eue avec Juliette dans le premier tableau, celle qu'elle a avec Éva dans le deuxième tableau.

10 Relevez dans les propos de Gustave les répliques dans lesquelles il emploie un double langage et qui participent à l'ironie dramatique.

À SAVOIR

L'IRONIE

L'ironie est un fait d'énonciation. Elle consiste en une distance volontairement établie entre celui qui parle et ce qu'il dit, ce qui aboutit à un décalage entre ce qui est dit et ce qui est pensé.

Au théâtre, cela se manifeste quand un personnage présent sur scène ignore ce que les autres personnages ou les spectateurs savent. On peut trouver ce procédé aussi bien dans la comédie que dans la tragédie, dans les moments tristes comme dans les moments drôles. Elle peut provoquer des malentendus et des quiproquos. Mais elle n'a réellement d'intérêt que si elle représente un obstacle et devient l'objet d'un conflit. Elle sert alors à la progression de l'action.

FEINTES ET MENSONGES

Lire

1 Qui sont les hôtes de la villa de lady Hurf ? Depuis combien de temps et pourquoi sont-ils là ?

2 Quel est l'objectif non avoué de Peterbono et Hector ? Quel est celui avoué de Gustave (p. 58 à 63) ?

3 Relevez tous les arguments employés par Peterbono et Hector pour justifier leur désir de retarder la date du « coup ». Comment peut-on qualifier ces arguments ?

4 Combien de fois lord Edgard est-il passé durant le deuxième tableau en fouillant dans ses papiers ?

5 En quoi et pour qui la « nouvelle donnée par lord Edgard est-elle affreuse » (p. 65) ?

6 Pour qui l'annonce du décès du duc de Miraflor par lord Edgard n'est-elle pas une révélation ? Pour qui l'est-elle ?

7 Quels sont les moyens utilisés par lady Hurf pour persuader lord Edgard qu'il s'est trompé en annonçant la mort du duc de Miraflor (p. 65-66) ?

8 Quel rôle la petite fille tient-elle à la fin du deuxième tableau ?

9 D'où provient la musique ? Quelle est sa fonction ?

10 Quelles sont désormais les attentes du spectateur ?

Écrire

11 Après leur conversation, Éva et lady Hurf rejoignent leur chambre et rédigent quelques pages de leur journal intime. Écrivez leurs confidences.

12 Dupont-Dufort père et fils sont dans leur chambre et se préparent pour le bal des voleurs. Ils font des commentaires sur ce qui vient de se passer. Rédigez leur conversation.

13 Peterbono écrit à la mère de Gustave pour lui faire part de son mécontentement quant au comportement du jeune apprenti. Il menace de le licencier. Rédigez cette lettre.

14 Faites la description de la villa de lady Hurf en vous appuyant sur l'ensemble des informations données aussi bien dans les indications scéniques que dans les répliques des personnages.

Chercher

15 Dans l'ensemble du deuxième tableau, relevez tous les passages où lady Hurf laisse deviner sa stratégie au spectateur.

16 Imaginez et jouez la scène des trois voleurs au salon en insistant sur le comique de gestes (p. 58-63). Variez les tons.

17 Faites une recherche sur le mobilier et le style vestimentaire des années 1940, puis sur ceux des années 1900.

18 Relevez l'ensemble des accessoires et éléments de costumes nécessaires pour interpréter ce deuxième tableau du *Bal des voleurs*.

À SAVOIR

NŒUD DRAMATIQUE, PÉRIPÉTIE ET COUP DE THÉÂTRE

On appelle **intrigue** l'ensemble des éléments qui constituent la trame de la pièce de théâtre.

Au fur et à mesure que celle-ci avance, des fils nouveaux s'ajoutent à cette trame. Certains « s'emmêlent » de telle façon qu'ils constituent ce qu'on appelle le **nœud dramatique**, qui est le point culminant de l'action. Le personnage ne peut plus mener à bien le projet qu'il s'était fixé. Il va donc agir de façon à résoudre le problème, jusqu'au **dénouement**, qui ne sera pas obligatoirement à son avantage.

Ainsi, le projet d'Hector de séduire Éva se trouve réduit à néant parce qu'il ne retrouve plus le visage qu'il avait pris quand ils se sont rencontrés. Gustave ne peut pas non plus séduire Juliette parce qu'il ne peut pas lui dire qui il est vraiment et qu'il refuse de lui mentir...

On appelle **péripéties** les différents événements qui permettent de faire avancer ou de modifier l'action. Quand l'une de ces péripéties transforme particulièrement la situation, on parle alors de **rebondissement**.

Comme son nom l'indique, le **coup de théâtre** désigne ce qui arrive de manière imprévue dans une action théâtrale. En général, il permet d'amener le dénouement. Même s'il est inattendu, cet événement ne doit pas pour autant être étranger à l'histoire. En général, il est préparé. Ainsi, dès le premier tableau, Lord Edgard émet des doutes sur l'identité du Duc de Miraflor. Il annonce plusieurs fois qu'il « en aura le cœur net », et qu'il est sur le point de faire une « importante découverte ».

BAS LES MASQUES

Lire

1 Sur quelle double méprise débute le troisième tableau ?

2 Relevez et commentez les différentes formes de comique qui s'entremêlent (p. 69 à 71).

3 Quels sont les différents moyens mis en œuvre par les Dupont-Dufort pour « être aimables, extrêmement aimables » ?

4 Comment Lady Hurf considère-t-elle les Dupont-Dufort ?

5 Quels renseignements la conversation de Juliette et Éva donne-t-elle aux spectateurs ?

6 Pourquoi Juliette est-elle si heureuse à la fin de sa conversation avec sa cousine ?

Écrire

7 Comme le leur a demandé lady Hurf, les Dupont-Dufort rejoignent Peterbono et Hector et leur donnent de « bons conseils » pour se travestir. Rédigez leur conversation.

Chercher

8 Que pouvez-vous dire de l'évolution du personnage de Gustave depuis le début de la pièce ? Indiquez les différentes étapes de cette évolution.

9 Faites une recherche sur les personnages Dupond et Dupont (les Dupondt) qui apparaissent dans *les Aventures de Tintin*, d'Hergé. Comparez-les aux Dupont-Dufort.

10 Faites une recherche sur le « gang des apaches » qui a sévi au début du XXe siècle.

À SAVOIR

LES DIFFÉRENTES SORTES DE RÉPLIQUES

Le mot réplique désigne de façon générale la phrase prononcée par l'acteur pour répondre à son partenaire sur scène. Elle peut aussi servir de signal pour une entrée en scène.

Il existe plusieurs autres sortes de répliques :
– l'**aparté** est prononcé par le personnage pour lui-même, en même temps que pour le spectateur, qui peut ainsi connaître ses sentiments ou ses intentions ;
– le **monologue** est dit par un personnage seul sur scène qui se parle à lui-même en exprimant ses sentiments ;
– la **tirade** est une longue réplique, récitée sans interruption par le comédien ;
– on nomme **réplique d'urgence** les réponses que les personnages ont apparemment trouvées soudainement, pour se débarrasser d'une question embarrassante.

DISSIMULATION AMOUREUSE

Lire

1 Pourquoi Gustave parle-t-il durement à Juliette ? Relevez et classez les marques de cette brutalité verbale.

2 Qu'est-ce qui fait la force de Juliette face à la détermination de Gustave ?

3 Quels sont les sentiments successifs éprouvés par Gustave tout au long de la scène ?

4 Quels sont les arguments présentés par Gustave pour dissuader Juliette de le suivre ?

5 En quoi Juliette se montre-t-elle déjà experte dans le métier de voleur ? En quoi se montre-t-elle inapte ?

6 Pourquoi Gustave et Juliette ne pourront-ils jamais être de bons voleurs ?

Écrire

7 Un des domestiques, caché derrière un rideau, observe la scène. Rédigez son monologue intérieur.

8 Après leur départ, Juliette et Gustave imagine leur vie future de jeunes voleurs. Juliette est optimiste, Gustave est pessimiste. Rédigez leur dialogue.

Chercher

9 Faites la liste de tous les gestes effectués par Gustave et Juliette l'un vis-à-vis de l'autre (signalés dans les didascalies et dans les répliques). Observez et commentez leur évolution.

10 Faites une recherche sur le peintre Fragonard.

11 Faites une recherche sur les couples célèbres de bandits.

12 Relevez l'ensemble des accessoires et éléments de costumes nécessaires pour interpréter ce troisième tableau du *Bal des voleurs*.

À SAVOIR

LES TRAVESTIS

Les rôles féminins ont longtemps été tenus par des hommes, jusqu'à ce que les femmes soient autorisées à monter sur scène, ce qui n'a certainement pas été accepté facilement. En effet, on considérait que les femmes s'exhibaient en montrant leur corps, et que les pièces, ayant été écrites par des hommes, proposaient des répliques bien trop osées qu'il n'était pas correct qu'une femme prononçât ! Les comédiennes furent donc obligées de porter des masques... On peut noter cependant que de célèbres actrices prirent une revanche et interprétèrent aussi des rôles masculins, comme Sarah Bernhardt (1844-1923) qui triompha dans *L'Aiglon* d'Edmond Rostand, ou *Lorenzaccio* d'Alfred de Musset.

LES AIGREFINS ABUSÉS

Lire

1 Pourquoi tous les personnages sont-ils « vexés et abattus » quand ils rentrent sur scène ? Relevez les différentes raisons qu'ils expriment tour à tour.

2 Pourquoi le fils Dupont-Dufort est-il si heureux lorsqu'il découvre le cambriolage ?

3 Comment les différents habitants de la villa des Boyards réagissent-ils à l'annonce de la nouvelle du cambriolage ?

4 Pourquoi Lady Hurf refuse-t-elle absolument que la police soit convoquée chez elle ?

5 En quoi réside le quiproquo ? Pourquoi a-t-il été possible ? Comment a-t-il été préparé ?

Écrire

6 Finalement, lady Hurf décide d'emmener tout son monde au Bal des Fleurs (p. 91). Tous les personnages vont se changer et reviennent dans le jardin d'hiver. Faites la description du déguisement de chacun d'entre eux.

7 Didier Dupont-Dufort obéit à l'injonction de lady Hurf (p. 97) et lui « conte » sa découverte. Rédigez son récit.

8 Les policiers arrivent immédiatement après avoir été appelés par les Dupont-Dufort et procèdent à un interrogatoire « sur le vif ». Rédigez-le.

9 Les Dupont-Dufort se retrouvent au commissariat où ils tentent de s'expliquer. Mais ils sont systématiquement interrompus et n'arrivent pas à se faire entendre ni comprendre. Rédigez cette petite scène comique.

Chercher

10 Préparez la mise en scène de la pantomime d'Hector et Peterbono (p. 97 et p. 99), et interprétez-la avec un camarade.

11 Préparez la chorégraphie du « petit ballet cocasse » de l'arrestation des Dupont-Dufort (page 100).

12 Quel ressort comique est essentiellement exploité par l'auteur dans ce début de quatrième tableau ?

13 À quel autre type de spectacle (vivant ou non) pourriez-vous associer ce début de tableau ? Justifiez votre réponse en donnant des exemples.

À SAVOIR

LE COSTUME DE THÉÂTRE

C'est bien sûr le vêtement que portent les comédiens sur scène. Mais il a une fonction particulière, puisqu'il participe à la mise en scène : le spectateur doit reconnaître avec ce costume un personnage qui tient un rôle dans la pièce.

Tel qu'on le définit actuellement, il est relativement récent. Les costumes (« habits de comédie » pour les plus riches et « hardes » pour les plus pauvres) étaient auparavant à la charge du comédien, qui en possédait plus ou moins et de coûteux ou pas en fonction de ses revenus, et aussi en fonction de la générosité de ses protecteurs. Il arrivait donc qu'une servante de comédie soit bien mieux habillée sur scène que sa partenaire duchesse !

On ne tenait pas compte non plus de la vraisemblance historique. Cette idée s'est mise en place à partir de la représentation du *Cid* de Corneille en 1637. Jusqu'alors, on jouait avec des vêtements à la mode du temps. On n'a commencé à jouer les pièces de Molière « en costume historique », par exemple, qu'à partir de 1830. Les romantiques, au début du XIXe siècle, et particulièrement Alexandre Dumas, se feront de fervents défenseurs du concept de « couleur locale ».

Mais cette idée sera ensuite remise en cause au XXe siècle. On parlera davantage de transposition, refusant de donner au costume une place à part, afin qu'il entre sans heurt dans l'imaginaire du spectateur. On a voulu désormais qu'il soit original, présent, adapté mais discret, ce qui n'était pas le cas jusqu'alors. En 1955, Roland Barthes dénonce les « maladies du costume de théâtre » et affirme, en même temps que les grands metteurs en scène de son temps, comme Jean Vilar : « On doit le voir, mais non le regarder. » Georges Wilson, quant à lui, disait simplement du costume de théâtre : « Ce doit être un plus, mais pas plus. »

LE FEU D'ARTIFICES FINAL

Lire

1 Quelles sont les différentes étapes qui amènent au dénouement ?

2 Pour quelle raison lady Hurf est-elle entrée dans le jeu des voleurs en faisant semblant de reconnaître le duc de Miraflor ?

3 Pour quelle raison sa famille devrait-elle mépriser Juliette (p. 106) ?

4 Gustave et Juliette ont-ils des raisons valables de se sentir autant menacés dans leur amour ?

5 Quel est le procédé couramment employé dans les comédies classiques auquel lord Edgard a recours ? Pourquoi et comment l'exploite-t-il ?

6 Lord Edgard a-t-il été aussi naïf que cela tout au long de la pièce ? Relevez quelques répliques pour justifier votre réponse.

7 Finalement, quelle a été l'action de lord Edgard tout au long de la pièce ?

8 Finalement, quel est le personnage qui n'a pas menti ou ne s'est pas travesti dans cette pièce ?

9 La pièce s'achève sur un mystère. Lequel ?

Écrire

10 Où sont partis Hector et Peterbono avec leurs bagages et la bague de lady Hurf ? Rédigez un récit dans lequel vous insérerez un dialogue.

11 En fin de compte, Éva retombe amoureuse d'Hector lorsqu'il retrouve le visage qui lui avait plu. Rédigez le synopsis (plan détaillé) de la fin de la pièce.

12 Sélectionnez les deux passages qui vous ont le plus amusé dans l'ensemble de la pièce. Résumez-les et dites pourquoi ils vous ont beaucoup plu.

13 À la manière d'Éva qui indique qu'elle a joué le rôle d'une « charmante jeune femme qui a beaucoup de succès », les personnages expliquent tour à tour quel a été leur rôle dans la pièce. Rédigez une réplique de quelques lignes pour chacun d'entre eux. Appuyez-vous sur des citations du texte.

Chercher

14 Relevez l'ensemble des accessoires et éléments de costumes nécessaires pour interpréter ce quatrième tableau du *Bal des voleurs*.

15 Quelle a été la durée de l'action de la pièce ?

16 Cherchez dans les tableaux précédents les passages dans lesquels lady Hurf faisaient allusion de manière voilée à ce qu'elle affirme haut et fort à la fin du quatrième tableau.

17 Quel a été le rôle tenu par le clarinettiste tout au long de la pièce ?

18 Quels sont les différents moments de ballet que l'on trouve dans l'ensemble de la pièce ? Comment sont-ils associés à l'action ?

19 Relisez *Les Fourberies de Scapin* de Molière, acte III, scènes 7 à 11. Comment Jean Anouilh a-t-il parodié ces différentes scènes de reconnaissance dans *Le Bal des voleurs* ?

20 Faites une recherche sur le compositeur Darius Milhaud qui a créé la musique du *Bal des voleurs*.

21 Faites une recherche sur la famille de comédiens et metteurs en scène Pitoëff.

22 Faites une recherche sur André Barsacq et la compagnie des Quatre Saisons.

À SAVOIR

PASTICHE ET PARODIE

Le pastiche désigne une œuvre d'**imitation**, le plus souvent littéraire, dans laquelle on reproduit le **style** d'un artiste, en en restant si proche qu'il n'est pas toujours facile de le déceler. L'objectif du pasticheur est de s'amuser et d'amuser le lecteur, en faisant appel à sa complicité, comme le fait ici Jean Anouilh avec les personnages des Dupont-Dufort, qui rappellent étrangement les Dupond et Dupont d'Hergé, ou quand il reprend pratiquement mot pour mot des répliques d'auteurs des siècles précédents. Ses clins d'œil à Molière sont évidents, ne serait-ce que par le choix de faire de sa pièce une comédie-ballet, genre que Molière a mis au point avec la collaboration du musicien Lully.

La **parodie** imite également une œuvre, un style ou un propos, mais avec l'intention de les tourner en dérision afin de **se moquer** de leur auteur. Il s'agit donc d'une reproduction caricaturale, à **visée satirique**, qui cherche parfois à dénoncer un travers ou à nuire à une personne.

DÉGUISEMENTS ET TRAVESTISSEMENTS DANS LA LITTÉRATURE

Une grande partie du plaisir que l'on goûte en lisant *Le Bal des voleurs* provient du travestissement permanent des personnages : déguisements variés, interchangeables et bouffons des trois voleurs (premier tableau) et des hôtes de lady Hurf se rendant au bal (troisième tableau). Mais aussi masques, mensonges, cachotteries, allusions, dissimulations, artifices et pastiches… Tout est caché et tout se découvre, même le musicien qui n'est finalement pas celui qu'on croyait, mais le détective qui n'a d'ailleurs servi à rien ! Jean Anouilh ne semble guère avoir eu d'autre ambition que celle de s'amuser et d'amuser ses spectateurs. C'est d'ailleurs ce qu'il affirme en indiquant dans son livre de souvenirs qu'il n'a « jamais su retrouver la recette » de sa pièce… De laquelle il dit aussi sans se cacher : « Quand j'écoute Peterbono, Hector et Gustave – mes trois charmants et minables voleurs – je suis capable d'éclater de rire aussi innocemment que vous et de l'avouer sans rougir. »

La littérature est pleine de masques et abonde en déguisements et travestissements. En voici quelques exemples.

Charles Perrault (1628-1703)

Contes du temps passé avec des moralités (1697)

Les contes célèbres, comme *La Belle au bois dormant, Le Petit Poucet* ou *Barbe-Bleue,* sont issus de la tradition orale française.

Mais c'est Charles Perrault, au XVIIe siècle, qui le premier collecta et retranscrit ces histoires. Il inaugura ainsi le genre littéraire désormais bien connu du conte de fées (ou conte merveilleux), et obtint déjà en son temps un immense succès. Or, ces histoires furent tant de fois adaptées et remaniées que l'on oublie souvent que Perrault les avaient écrites en vers, et qu'il les avait fait suivre d'une moralité utile « à l'enseignement des jeunes enfants ».

PEAU D'ÂNE

Pour échapper au désir de son père qui veut l'épouser, une jeune princesse demande de l'aide à sa marraine la fée. Celle-ci lui suggère d'abord de demander des choses impossibles :

Dites-lui qu'il faut qu'il vous donne
Pour rendre vos désirs contents,
Avant qu'à son amour votre cœur s'abandonne,
Une Robe qui soit de la couleur du Temps.
Malgré tout son pouvoir et toute sa richesse,
Quoique le Ciel en tout favorise ses vœux,
Il ne pourra jamais accomplir sa promesse.

Cependant, le roi réussit à lui offrir la robe couleur du Temps. Elle lui en demande donc d'autres, qu'il lui apporte à chaque fois. En désespoir de cause, et toujours sur les conseils de sa marraine, elle lui demande la peau d'un âne extraordinaire qui fournit du crottin d'or et assure ainsi la richesse du royaume. À cela aussi, le roi se résout. Elle se résigne alors à fuir sa concupiscence.

Cette Peau quand on l'apporta
Terriblement l'épouvanta
Et la fit de son sort amèrement se plaindre.
Sa Marraine survint et lui représenta
Que quand on fait le bien on ne doit jamais craindre ;
Qu'il faut laisser penser au Roi
Qu'elle est tout à fait disposée
À subir avec lui la conjugale Loi,
Mais qu'au même moment, seule et bien déguisée,
Il faut qu'elle s'en aille en quelque État lointain
Pour éviter un mal si proche et si certain.
[...]
« Pour vous rendre méconnaissable,
La dépouille de l'Âne est un masque admirable.
Cachez-vous bien dans cette peau,
On ne croira jamais, tant elle est effroyable,
Qu'elle renferme rien de beau. »

La Princesse ainsi travestie
De chez la sage Fée à peine fut sortie,
Pendant la fraîcheur du matin,
Que le prince qui pour la Fête
De son heureux Hymen s'apprête,
Apprend tout effrayé son funeste destin.

La princesse est sauvée, et elle rencontre l'amour en la personne d'un prince…

Molière (1622-1673)

Le Malade imaginaire (1673)

Se déguiser peut donc être envisagé pour des questions très graves où la vertu, l'honneur et la santé sont en jeu. Voici comment la servante Toinette, avec l'aide de Béralde, cherche à faire entendre raison à son maître Argan, qui s'est « embéguiné » des médecins à tel point qu'il va faire le malheur de sa fille Angélique et qu'il risque d'y laisser sa peau.

Jean Anouilh a toujours reconnu en Molière son maître de théâtre. *Le Bal des voleurs* y fait de nombreuses allusions et s'amuse de situations que l'on retrouve maintes fois dans les comédies et les farces du célèbre dramaturge du XVIIe siècle. N'est-ce pas souvent les femmes qui manipulent les fils de marionnettes chez Molière ? Et n'est-ce pas le rire qui est le maître mot ?

Acte III, scène 7

TOINETTE : Monsieur, voilà un médecin qui demande à vous voir.

ARGAN : Et quel médecin ?

TOINETTE : Un médecin de la médecine.

ARGAN : Je te demande qui il est ?

TOINETTE : Je ne le connais pas ; mais il me ressemble comme deux gouttes d'eau, et si je n'étais pas sûre que ma mère était honnête femme, je dirais que ce serait quelque petit frère qu'elle m'aurait donné depuis le trépas de mon père.

ARGAN : Fais-le venir.

[...]

Acte III, scène 8

TOINETTE : Monsieur, agréez que je vienne vous rendre visite et vous offrir mes petits services pour toutes les saignées et les purgations dont vous aurez besoin.

ARGAN : Monsieur, je vous suis fort obligé. Par ma foi ! voilà Toinette elle-même.

TOINETTE : Monsieur, je vous prie de m'excuser, j'ai oublié de donner une commission à mon valet ; je reviens tout à l'heure.

ARGAN : Eh ! ne diriez-vous pas que c'est effectivement Toinette ?

BÉRALDE : Il est vrai que la ressemblance est tout à fait grande. Mais ce n'est pas la première fois qu'on a vu de ces sortes de choses, et les histoires ne sont pleines que de jeux de la nature.

Pour moi, j'en suis surpris, et…

Acte III, scène 9

TOINETTE *quitte son habit de médecin si promptement qu'il est difficile de croire que ce soit elle qui a paru en médecin :* Que voulez-vous, Monsieur ?

ARGAN : Comment ?

TOINETTE : Ne m'avez-vous pas appelée ?

ARGAN : Moi ? non.

TOINETTE : Il faut donc que les oreilles m'aient cornée.

ARGAN : Demeure un peu ici pour voir comment ce médecin te ressemble.

TOINETTE *en sortant, dit :* Oui, vraiment, j'ai affaire là-bas, et je l'ai assez vu.

ARGAN : Si je ne les voyais tous deux, je croirais que ce n'est qu'un.

BÉRALDE : J'ai lu des choses surprenantes de ces sortes de ressemblances, et nous en avons vu de notre temps où tout le monde s'est trompé.

ARGAN : Pour moi, j'aurais été trompé à celle-là, et j'aurais juré que c'est la même personne.

Marivaux (1688-1763)

Le Jeu de l'amour et du hasard (1730)

Marivaux est le maître du travestissement, et l'on retrouve ce procédé dans un grand nombre de ses pièces. Sous le couvert de pièces apparemment légères et sentimentales, il peut ainsi souligner les comportements sociaux et les mœurs de son époque afin de remettre en question l'ordonnancement d'une société dont il pointe les travers sans pour autant chercher à les transformer. Silvia est inquiète car elle va se marier avec un jeune homme qu'elle ne connaît pas. Elle demande l'autorisation à son père, M. Orgon, de se travestir et de prendre le costume de sa servante Lisette. Ainsi déguisée, elle pourra observer tout à loisir le comportement de son fiancé Dorante. Mais ce qu'elle ne sait pas, c'est que Dorante a eu la même idée : il va échanger son habit avec celui de son valet Arlequin et prendre le nom de Bourguignon pour venir incognito rencontrer sa fiancée.

Mais l'habit ne fait donc pas la condition... Lorsque Silvia rencontre Dorante, le cœur n'est pas dupe, même si la raison et la bienséance s'opposent à la douce impression qu'ils se font l'un sur l'autre.

Acte I, scène 6

[...]

SILVIA : Le trait est joli assurément ; mais je te le répète encore, je ne suis point faite aux cajoleries de ceux dont la garde-robe ressemble à la tienne.

DORANTE : C'est-à-dire que ma parure ne te plaît pas ?

SILVIA : Non, Bourguignon ; laissons là l'amour, et soyons bons amis.

DORANTE : Rien que cela ? ton petit traité n'est composé que de deux clauses impossibles.

SILVIA, *à part* : Quel homme pour un valet ! *Haut :* Il faut pourtant qu'il s'exécute ; on m'a prédit que je n'épouserais jamais qu'un homme de condition, et j'ai juré depuis de n'en écouter jamais d'autres.

DORANTE : Parbleu, cela est plaisant, ce que tu as juré pour homme, je l'ai juré pour femme, moi, j'ai fait le serment de n'aimer sérieusement qu'une fille de condition.

SILVIA : Ne t'écarte pas de ton projet. Je ne m'en écarte peut-être pas tant que nous le croyons, tu as l'air bien distingué, et l'on est quelquefois fille de condition sans le savoir.

Théophile Gautier (1811-1870)

Émaux et Camées (1852) : « Variations sur le carnaval de Venise »

Théophile Gautier s'est montré un ardent défenseur du théâtre et particulièrement du drame romantique en participant par exemple à la célèbre bataille d'*Hernani*, la pièce de Victor Hugo. Mais il a aussi été le précurseur de la poésie parnassienne et a prôné « l'art pour l'art » et la pureté de la forme. Les poèmes de son plus célèbre recueil, *Émaux et Camées*, se veulent parfaitement ciselés, comme des bijoux précieux. Ils décrivent pour la plupart les divers aspects du monde extérieur.

En voici un qui décrit avec légèreté le carnaval de Venise et découvre, au moyen des « mille couleurs » de l'art poétique, ceux qui se cachent derrière les masques de la *commedia dell'arte*.

III. Carnaval

Venise pour le bal s'habille.
De paillettes tout étoilé,
Scintille, fourmille et babille
Le carnaval bariolé.

Arlequin, nègre par son masque,
Serpent par ses mille couleurs,
Rosse d'une note fantasque
Cassandre son souffre-douleurs.

Battant de l'aile avec sa manche
Comme un pingouin sur un écueil,
Le blanc Pierrot, par une blanche,
Passe la tête et cligne l'œil.

Le Docteur Bolonais rabâche
Avec la basse aux sons traînés ;
Polichinelle, qui se fâche,
Se trouve une croche pour nez.

Heurtant Trivelin qui se mouche
Avec un trille extravagant,
À Colombine Scaramouche
Rend son éventail ou son gant.

Sur une cadence se glisse
Un domino ne laissant voir
Qu'un malin regard en coulisse
Aux paupières de satin noir.

Ah ! fine barbe de dentelle,
Que fait voler un souffle pur,
Cet arpège m'a dit : C'est elle !
Malgré tes réseaux, j'en suis sûr !

Et j'ai reconnu, rose et fraîche,
Sous l'affreux profil de carton,
Sa lèvre au fin duvet de pêche,
Et la mouche de son menton.

Alexandre Dumas (1802-1870)

Kean (1836)

Mais si l'acteur porte parfois un déguisement et joue un autre personnage dans la pièce qu'il interprète, n'est-il pas non plus celui qui endosse tous les paraîtres et les faux-semblants de l'humanité ? Être acteur, n'est-ce pas mentir en permanence, au public, bien sûr, mais également à soi-même ? Et cette condition est-elle enviable ? Le Pédant du *Capitaine Fracasse* de Théophile Gautier l'affirmait déjà en se plaignant : « Nous autres, pauvres comédiens, ombres de la vie humaine et fantômes des personnages de toute condition, à défaut de l'être nous avons au moins le paraître. »
C'est ce qu'explique aussi Kean, un acteur anglais célèbre, qui s'adresse à Miss Damby, une jeune femme venue lui demander de l'aider à devenir actrice.

Acte II, deuxième tableau, scène 4

KEAN : Vous avez songé au théâtre ?

ANNA : Oui ; depuis longtemps, mes yeux sont fixés ardemment sur cette carrière [...].

KEAN : Pauvre enfant !

ANNA : Vous paraissez me plaindre, et cependant vous ne me répondez pas, monsieur ?

[...]

KEAN, *debout* : Vous avez vu le côté doré de notre existence, et il vous a ébloui. C'est à moi de vous montrer le revers de cette médaille brillante qui porte deux couronnes, une de fleurs, une d'épines.

[...]

ANNA : Mais toutes ces douleurs ne sont-elles pas rachetées par ce seul mot que vous pouvez vous dire : « Je suis roi » ?

KEAN : Oui, je suis roi, c'est vrai... trois fois par semaine à peu près, roi avec un sceptre de bois doré, des diamants de strass et une couronne de carton ; j'ai un royaume de trente-cinq pieds carrés, et une royauté qu'un bon petit coup de sifflet fait évanouir. Oh ! oui, oui, je suis un roi bien respecté, bien puissant, et surtout bien heureux, allez !

ANNA : Ainsi, lorsque tout le monde vous applaudit, vous envie, vous admire...

KEAN : Eh bien, parfois, je blasphème, je maudis, je jalouse le portefaix courbé sous son fardeau, le laboureur suant sur sa charrue, et le marin couché sur le pont du vaisseau.

ANNA : Et si une femme jeune, riche, et qui vous aimât, venait vous dire : « Kean, ma fortune, mon amour sont à vous... sortez de cet enfer qui vous brûle... de cette existence qui vous dévore... quittez le théâtre... »

KEAN : Moi ! moi ! quitter le théâtre... moi ! Oh ! vous ne savez donc pas ce que c'est que cette robe de Nessus qu'on ne peut arracher de dessus ses épaules qu'en déchirant sa propre chair ? Moi, quitter le théâtre, renoncer à ses émotions, à ses éblouissements, à ses douleurs ! [...] Mais rappelez-vous donc que l'acteur ne laisse rien après lui, qu'il ne vit que pendant sa vie, que sa mémoire s'en va avec la génération à laquelle il appartient, et qu'il tombe du jour dans la nuit... du trône dans le néant... Non ! non ! lorsqu'on a mis le pied une fois dans cette fatale carrière, il faut la parcourir jusqu'au bout... épuiser ses joies et ses douleurs, vider sa coupe et son calice, boire son miel et sa lie... Il faut finir comme on a commencé, mourir comme on a vécu... mourir comme est mort Molière, au bruit des applaudissements, des sifflets et des bravos !... Mais, lorsqu'il est encore temps de ne pas prendre cette route, lorsqu'on n'a pas encore franchi la barrière... il ne faut pas entrer... croyez-moi, miss, sur mon honneur, croyez-moi !

Le comédien donne son corps et son visage au personnage qu'il incarne. Il offre son talent et son énergie au public. Mais il garde son âme d'homme, ses passions et ses sentiments. Comment le spectateur considère-t-il alors l'homme qui joue un rôle devant lui ? Comment reçoit-il le cadeau qui lui est fait ? Ce sont les questions que se pose douloureusement Kean.

Acte IV, quatrième tableau, scène 8

SALOMON : Maître, entendez-vous ?

LE PUBLIC, *criant et trépignant* : La toile ! La toile ! Le rideau !

SALOMON : Le public s'impatiente.

KEAN : Qu'est-ce que ça me fait, à moi ?... Oh ! métier maudit... où aucune sensation ne nous appartient, où nous ne sommes maîtres ni de nos joies, ni de notre douleur... où, le cœur brisé, il faut jouer Falstaff ; où, le cœur joyeux, il faut jouer Hamlet ! toujours un masque, jamais un visage… Oui, oui, le public s'impatiente… car il m'attend pour s'amuser, et il ne sait pas qu'à cette heure, mes larmes m'étouffent. Oh ! quel supplice ! et puis, si j'entre en scène avec toutes les tortures de l'enfer dans le cœur ; si je ne souris pas là où il me faudra sourire, si ma pensée débordante change un mot de place, le public sifflera, le public, qui ne sait rien, qui ne comprend rien, qui ne devine rien de ce qui se passe derrière la toile… qui nous prend pour des automates… n'ayant d'autres passions que celles de nos rôles… Je ne jouerai pas.

BIBLIOGRAPHIE

Œuvre dramatique de Jean Anouilh

– On trouvera toute l'œuvre théâtrale de Jean Anouilh, y compris ses écrits sur le théâtre, dans la « Bibliothèque de la Pléiade », Gallimard, 2007.

– Un grand nombre de ses pièces est publié dans la collection « La Petite Vermillon » aux éditions de la Table Ronde : *Pièces baroques*, *Pièces brillantes*, *Pièces costumées*, *Pièces farceuses*, *Pièces grinçantes*, *Pièces noires*, *Pièces roses* et *Pièces secrètes*.

Autres

Jean Anouilh a également écrit :

– un recueil de *Fables*, coll. « Folio », Gallimard, 1973 ;

– des nouvelles, *Lionceau le Magnifique* (1934), *La Femme trop chère* (1935), *Histoire de M. Mauvette et de la fin du monde* (1939), parues à l'époque dans diverses revues ;

– un livre de souvenirs, *La vicomtesse d'Eristal n'a pas reçu son balai mécanique*, Collection « Mémoire », la Table Ronde, 1987 ;

– un grand nombre d'articles sur le théâtre, regroupés pour certains dans *En marge du théâtre*, collection « Vermillon », La Table Ronde, 2000.

DVD et Livres lus

– *Antigone*, mise en scène de Nicolas Briançon (avec Robert Hossein, Bernard Dourlens, Julie Kapour, Elsa Mollien), DVD, Arcades Vidéo, 2004.

– *Antigone*, collection « Tragédie en prose », éditions Le livre qui parle, 2005, ou collection « À voix haute », Gallimard – La voix de l'auteur, 2004.

– *La Foire d'empoigne*, collection « La Voix de l'auteur », éditions Le livre qui parle, 2000.

S'INFORMER AU CDI

Consulter des dictionnaires et des ouvrages encyclopédiques :

Agnès Pierron, *Dictionnaire de la langue du théâtre*, collection « Les Usuels », Le Robert, 2002.

Magali Wiéner, *Le Théâtre à travers les âges*, collection « Castor Doc », Flammarion, 2000.

André Degaine, *Le Théâtre raconté aux jeunes*, Nizet, 2006.

Marie-Claude Hubert, *Le Théâtre*, collection « Les Essentiels », Milan, 2003.

CONSULTER INTERNET

http ://www.theatreonline.com/ pour connaître la programmation des pièces de théâtre de Jean Anouilh en France.

Couverture
Conception graphique : Marie-Astrid Bailly-Maître
Photographie : LE BAL DES VOLEURS / Auteur : ANOUILH Jean / Mise en scène : IDÉE Jean-Claude / Décor : BARLIER Jean-Pierre / Costumes : BARLIER Jean-Pierre / Avec : DOLLE Jean-Christophe, JUAN Jean-Marie, SEILER Jacques, LUNEAU Jeff, RABAH Aliouane / Lieu : Théâtre Montparnasse / Ville : Paris / Le : 2 août 1996 – © Agostino PACCIANI CDDS Enguerand

Intérieur
Conception graphique : Marie-Astrid Bailly-Maître
Édition : Suzanne Bénistan
Réalisation : Nord Compo, Villeneuve-d'Ascq

www.magnard.fr
www.classiquesetcontemporains.com

IMPRIM'VERT. Votre imprimeur agit pour l'environnement

Achevé d'imprimer en juillet 2014
par «La Tipografica Varese S.p.A.»
N° éditeur : 2014-0245
Dépôt légal : juin 2010

Certifié PEFC
Ce produit est issu de forêts gérées durablement et de sources contrôlées
PEFC
PEFC/18-31-264
www.pefc-france.org